家庭自然教育的"星座图"

薛飞　著

线 装 書 局

图书在版编目（CIP）数据

家庭自然教育的"星座图" / 薛飞著 . -- 北京：
线装书局， 2023.4
ISBN 978-7-5120-5403-5

Ⅰ．①家… Ⅱ．①薛… Ⅲ．①自然教育－家庭教育
Ⅳ．① G40-02 ② G78

中国国家版本馆 CIP 数据核字（2023）第 054289 号

家庭自然教育的"星座图"
JIATING ZIRAN JIAOYU DE XINGZUOTU

著　者：	薛 飞	
责任编辑：	崔 巍	
出版发行：	线裝書局	
	地 址：北京市丰台区方庄日月天地大厦 B 座 17 层（100078）	
	电 话：010-58077126（发行部）010-58076938（总编室）	
	网 址：www.zgxzsj.com	
经　销：	新华书店	
印　制：	涿州军迪印刷有限公司	
开　本：	787mm×1092mm　1/16	
印　张：	12.5	
字　数：	114 千字	
版　次：	2023 年 4 月第 1 版第 1 次印刷	

线装书局官方微信

定　价： 59.80 元

本书力求普适性。在孩子成长的初期，对于没有明确教育目标的读者是非常适合的。本书中的很多思想，对于有明确教育目标的读者，我相信也是有一定参考意义的。如果它能引起读者哪怕一丁点的思考与改善，那么它的价值就有所体现。我时常认为读书改变了我，我被改变了，我的孩子因此也就被改变了。哪怕只是微乎其微的改变，也要敬畏时间对它的作用。

本书有个明确的意识导向，那就是只讲授能讲授的知识，不能讲授的就引导孩子自己思考。简单来说，具有唯一性的知识就是可讲授的，这一点将在书中做相关的阐述。

本书将用一种简单的模型作为书中教育思想的具象化进行实际的操作：**输入（Input）、思考（Thinking）、输出（Output），简称 ITO 教育模型**。

ITO教育模型示意图

图 1　ITO 教育模型示意图

　　简单描述一下该模型在教育领域中的基本流程：**通过感官功能接受环境信息的输入，这些信息经过大脑的思考，融合成为自己知识体系的一部分，并指导自己下一步的行动输出。**这里强调"行动输出"，是因为"实践是检验真理的唯一标准"，实践的目的在于"认识事实"，只有事实具备所有的细节。细节永远是功能之间互相联系的真正原因，但这却是自然的"秘密"。这些细节有些能被我们感知，有些隐藏很深，就好像光谱一样，我们的可视范围大约在红光到紫光之间，仅凭肉眼很难感知到更大范围的光。只有尽力探究极致的细节，才有可能看清真理的面貌。

　　实践与劳动是等价的。劳动是人类的本质活动，通过脑力劳动和体力劳动，人类学习到了知识。对于不同的知识，学习的特点是有所不同的。

　　语言的学习需要阅读和交流；科学的学习主要依赖于实验；数学的学习要靠抽象思维进行逻辑运算。在这里主要强调的是，科学不能靠阅读，而要从实践入手。科学的知识点需要一点一滴、一步一个脚印的坚实积累，而且必须小心的印证。比如化学，起初我们可以给孩子讲授元素周期表前二十个元素。也许有人会怀疑这种提前教育的科学性。事实上，我确实被孩子的妈妈提出了挑战。但我比较坚持的一个原则，就是**知识的有用性**。既然这些元素在生活中"用到了"，那么就可以教给孩子。在我的认知范围内，虽然这二十个元素，我没有用实验证明每一个原子量的大小是否是事实，实际上，我没有条件也不可能重复实验伟人的发现成果，但是只需要记忆，它们是按原子量从小到大排列的即可，而且相关实证的过程确实已经有人完成了。化学元素周期表是一种基础性的知识。我所指的基础性的知识，至少具有标准的、固定的、机械的、简单的、直白的等特征，一般不会变化而且直接使用的，这一类知识仅通过记忆背诵是没有问题的。更重要的是，我只是想把孩子在生活中提出的问题通过这种基础知识展示给他看而已。

"爸爸，这是什么？"

"哦，这是一种叫铁的物质。而铁在元素周期表中排在第二十六位。"

记住一个准则，科学以用，文化以养。凡是需要实践的知识，比如科学，那就用到了再教；凡是需要长期积累的知识，比如语言，那就必须长期坚持学习。

ITO 教育模型，是一个简单的模型，使用简单的模型，其优点就是在任何时候都可以想起来，然后拿起来用。所谓种瓜得瓜、种豆得豆，我们给孩子输入的什么，他就会得到什么。当我们表达愤怒时，想一想愤怒的输入会给孩子带来怎样的影响，会不会磨掉孩子的勇气；当我们表达溺爱时，想一想溺爱的输入会给孩子带来怎样的影响，会不会助长孩子的骄横；当我们表达冷漠时，想一想冷漠的输入会给孩子带来怎样的影响，会不会打击孩子的信心。所以，当这样一种模型刻印在我们脑海中时，我们不得不考虑一下自己当前的言行是否合适。

模型只是一个机械的实践框架，更为重要的是需要赋予它一种思想的灵魂，即教育的思想。我们每时每刻都在教育孩子，选择一种合适的教育思想，通过这种教育思想的指导，我们能够逐渐看清一个大概的方向，方向对了，再少的努力也不会白费。这样，教育成功的概率就会逐渐变大，孩子会向着最适合的方向发展。当我们理解了一种合适的教育思想，那么潜意识都会帮助我们教育孩子，在碰到一些两难境况的时候，直觉会帮助我们做出合适的选择。

鉴于此，**本书创造性地制定了一套可实践的教育工程流图**，如图2所示，把它作为一种ITO模型的细化实现，并赋予自然教育的理念。我把这套工程流图形象地用"星座图"比拟，每一颗"星星"都有着自己独特的功用，它们闪耀着自己的星光，在漫长的黑夜中指引着我们的教育之路。我期望《家庭自然教育的"星座图"》能够给读者带来最直观的感受。

家庭自然教育的"星座图"

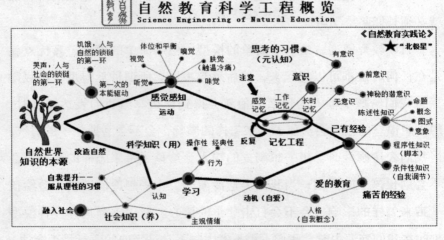

图2 自然教育科学工程流图

1. 从自然开始输入；2. 经过思考的沉淀；3. 最后输出改造自然

本书的内容是基于科学教育的理念，所有参考的理论均来源于经典著作，比如信息工程理论、激励理论、认知发展理论等。本书的目标并不是要证实这些理论的正确性，而是要基于这些理论阐述如何实践自然教育的理念。相关理论可由读者自行阅读著作并判断合适与否。当然，本书也不去辩证哲学问题，比如理性与意欲、道德、公平公正、纯粹的自由等。本书只是提供一套可操作的教育工程流，它重在使用这些原理，并通过对各个关键节点的阐述，尽力使读者理解并应用于具体的教育实践之中。

- 第一部分，强调人与自然的关系，主要介绍以自然为本源衍生的教育指导理论。科学知识来源于自然，我们所处的自然环境，是首要的信息来源，故以自然为起源。

- 第二部分，感官感觉是接受信息输入的渠道，"工欲善其事必先利其器"，提高感官输入的效率是必要的。普通心理学知识对这些感官如何转化信息，并被大脑感知有着非常详细的科学描述，感兴趣的读者可自行阅读了解。

- 第三部分，当信息进入到大脑以后，我们需要对这些信息进行初步的定义以及后续的思考。定义包含了对信息的命名；思考包含了对信息的认识与归纳，包括联结、规整和记忆。如此，**信息通过思考转化成了知识**。"我思故我在"，孩子应当养成主动思考的习惯。

- 第四部分，我们的天性和已有经验将不停地激励我们进行更多的活动。通过实践活动，运用知识解决问题，使孩子明白知识的有用性并理解学习的过程，进而走出一条自我实现的道路。

人类生来就处在自然环境之中，就种族宏观的目标来说，延续是一个永恒的使命。自然资源，是种族延续的必要条件，如何把自然资源转化成可供生存的条件，是需要向自然学习的，这种使用及转化资源的知识称之为"科学技术"。

"科学技术是第一生产力"，伟人总是能用最简洁的语言概括出最本质的事情。

我们讲授的知识是科学的，我们阐述的方法是科学的。本书不仅将从科学的视角论述一种教育方式，而且意在引导孩子搭建自己的知识内核，这个知识内核将以科学知识为基础。不管是哪种教育方式，基础性的科学教育理论是通用的，前人以无量智慧总结了教育的方方面面，本书带着最崇高的敬意结合这些基础性的科学教育理论总结出了一套可行的教育工程流，以简洁的方式呈现给读者。读者可以批判性地阅读本书，以给自己的教育方式带来一些新的思路。

我不敢自诩自己见解的独到之处，亦能体会"站在巨人肩膀上"的感受，以下所列书目便是我当前思考的主要来源，感兴趣的读者可以自行阅读原著，以最直接的方式对话那些伟人。故推荐如下：

卢梭的《爱弥儿》——本书核心思想的来源。

赫尔巴特的《普通教育学》——有人说这本书开启了科学教育的大门，可我更喜欢把这本书视为教育的哲学原理。

《伍尔福克教育心理学》《津巴多普通心理学》——这两本书是科学教育的实证。

以上书籍为本书建立了框架性的理论。其余可参考的书籍较多，不再在此列述。

教育的细节是繁多杂乱的，但有了框架性理论的指导，众说纷纭的百家之言，犹如众多支流一般，最终汇聚成了一条具有明确教育思想的长河。

"吾生也有涯，而知也无涯。"我自认为不可能穷尽所有伟人之思想，但自觉小有所成，仅在此播种浇水，静待日后开花结果。

目 录

第一章　指导理论

一切哲学原理，能用起来，确实有用的，我们就应该认定它存在的意义。

理性与意欲

在教育的范畴，我认为，首先是必须在两种理论之间做出选择的，这两种理论就是"理性与意欲"。这两种理论是我认为最重要的教育指导方针。做选择并不是说一定要非此即彼，只是说在孩子整个成长过程中，在不同的阶段，教育指导方针应该有所侧重，有所倚重。

理性与意欲之争，历来就是哲学家的话题。大多数人都会认为人之所以为人，和兽类的区别在于人是具备理性的。许多人可能听过狂人尼采，他认同人的本质就是意欲，他把叔本华视为他的终生哲学导师。我们自不必争论谁对谁错，通过一个小故事，便可以看出其中的奥妙。这个故事说的是在黑格尔和叔本华时期，叔本华不赞同黑格尔的理性论，于是去黑格尔所在的大学任教，并且把课程的时间安排在与黑格尔同一时刻，其结果就是黑格尔课堂的学生满座，而叔本华课堂的学生却寥寥无几。后来战争爆发了，处于战争年代的人们突然发现理性是如此的不堪一击，人性是如此的裸露，于是所有人又开始相信叔本华的意欲理论。从这个小故事中，对于理性与意欲的初步认识，可窥一二。

那么，在教育的范畴，我们如何选择这两种理论呢？

我的观点是，在孩子教育的初期阶段，要顺其自然，顺势而为地发挥孩子的天性优势，就是说意欲为先。孩子从出生到独立，是没有善恶之分的，所做的一切都并无恶意，当然他也没有力量去做邪恶的事情。孩子的所作所为仅仅是出于天性，为了自己的生存。我们尊重孩子的意愿，就是让他充分发挥自己的最大能动性——"做他自己"。他想走路就让他自己走，不要抱；他想喊叫就让他自己喊，不要阻止他叫；他想触碰就让他自己感受，不要阻止他尝试……让孩子以自然的天性为引导，以自己的意愿为动力，就能实现最高的学习效率。我们需要抓住这个阶段的机会，促使孩子形成主动的意识，完成初期的教育目标。

教育的初期目标

孩子因为自己的意欲形成自己的主动性。这个主动的理念对于孩子来说就是"我自己的想法"，这是顺应自然天性的阶段，这是孩子可塑性最佳的阶段。不论是根据众多教育家的经验来说，比如埃里克森、皮亚杰等把孩子分为几个发展阶段的思想；还是根据大多数事实来判断，比如孩子总是比老人的学习效率要高，我们都应该把这个阶段视为孩子学习能力最强的关键阶段。据众多资料显示，这个阶段大约可持续到十岁左右，这并不是说过了这个阶段孩子就不能再被教育了，而是说，抓住这个敏感时期对孩子进行教育就能事半功倍。

人类社会是基于理性建立的，没有理性的社会是原始社会的形态。政治、法律、道德是人类社会的具体准则，孩子需要学习这些准则成为一个理性的人，这样才能拥有自己的社会联系。如果孩子想孤独地生存，那么他确实可以无视所有的社会规则。因为孩子终究是要融入到人类社会之中的，所以我的教育思想的最终目标是让孩子具有理性的判断力。最终目标并不是本书讨论的范畴，本书将阐述如何在教育的初期阶段充分发挥孩子的自主能动性，引导他建立独立自主的内核，并培养他感知初步的理性。于是，我确立了初期的教育目标，即拥有独立自主的自我概念。有了独立自主的内核，那么，后续的很多事他自己就有能力去做了，此时我们的教育职责应当说就完成了。我们在孩子中期的陪伴，我更愿意称之为交流谈心，而非教育。

谈教育，首先要明确目标，倘若没有目标，我便不知道从何处开始实施。哪怕我要教他学会说话，那也是为了让他交流；哪怕我要教他顺其自然，也是一种自由的选择。我曾经一直在思考应该给孩子选择什么样的目标，也尝试评估过很多种选择，最后发现教育的目标有太多的描述：

"亚里士多德认为理性的发展是教育的最终目的。吾爱吾师，吾尤爱真理。"

"教育的主要目的应当是帮助儿童学会如何学习，教育应当是帮助学生形成自己的思维方式，而不是提供给学生一种思维方式。"

"教育的一个重要目标就是帮助学生学会调节自己的情绪和动机。"

　　"教育的一个基本目标就是使人在其一生中能够创造性地使用知识、技能和动机。"

　　"教学的主要目标是培养学生建立和支持自己的观点的能力。"

　　"教学的一个目标就是要摆脱对教师的依赖，这样学生就能够持续终生地进行独立学习。"

　　"复杂任务，学生应对并适应压力情境是教育的一个重要目标。"

　　"埃里克森认为每个发展阶段都需要达成一定的目标。"

　　"斯宾塞认为教育的最高目标，应该是培养一个能够自治、自省、自我教育的人。"

　　"教育的一个重要目的，就是教会孩子以后怎样去选择：选择什么样的方法，什么样的专业；发展哪部分爱好，放弃哪些别的爱好。所有的选择都必须由他自己做出。"

　　"教育的目的是为孩子未来生活做准备，它是一切教育行为的起点。"

　　"为了孩子未来的生活，为了他能更有力地去行动，对所学知识应该加以选择。怎样对待身体，怎样培养心智，怎样处理事务，怎样带好子女，怎样利用自然界所提供的资源增进人类幸福，怎样做一个公民，这些，应该是教育的主要目的。"

　　……

　　我被这些目标说的摸不着方向，觉得都很正确，但是仍然没有得到我想要的答案，我还是不知道如何做以及要达到什么目标。直到有一天我读了《爱弥儿》，在这本书中读出了一种教育思想，它叫作"自然教育"。通过这种思想让孩子获得"幸福"，这种幸福是通过"做他自己"获取的，而做他自己的前提是他必须具有独立自主的意识。

教育的"紧箍咒"

幸福，是教育的果实。幸福感来源于自己的主观感受。既然是主观感受就是具有个体差异的，也就是说并不是我们觉得幸福，孩子就是幸福的；而应该是孩子自己觉得幸福，那么他就幸福了。孩子需要有自己的判断，知道如何做才是自己想要的，自己才能获得幸福。所以，孩子需要拥有独立自主的意识。

培养孩子独立自主意识的最好方法就是给他充足的自由，充分发挥他的个人意欲。

倘若我们处处控制孩子的行为和思想，无异于培养下一个"小艾伯特"，这是可憎的。这会使得孩子养成被奴役的思想，被人随意摆布，失去做人的基本尊严。倘若我们处处迁就他的性子，就是在纵容他的方方面面，久而久之，使他养成驱使人依赖人的习惯，可是当他发现除了能驱使溺爱他的人以外，还能驱使谁呢？当他赖以生存的人永远离开他时，可能他的生存都成了问题。

尊重孩子的个人意欲，但却不能放任他的欲望，任何形式的纵容都会使得他的欲望变得无穷无尽。欲望恰恰是痛苦的来源，而减少一份痛苦就会多得一份幸福。所以，我们需要帮助孩子减少痛苦，那就要给孩子戴上一个"紧箍咒"，用这个"紧箍咒"控制他的欲望。同时，我们需要小心使用"紧箍咒"，必须认识到这并不是用来驱使他的手段，相反，这是引导他的工具。

这个"紧箍咒"的名字叫作"有节制的自由"。纯粹的自由只能是超脱所有规则之外的幻想，这意味着自我毁灭才能不受自然法则的束缚，而我们的目的是生存，自然就不必追求纯粹的自由。施加一定的"节制"才能在没有毁灭危险的前提下充分发挥"自由"的作用。**在"节制"和"自由"的天平之间来回寻找平衡，便是教育的艺术。**

人的自然动力

"自然教育"就是描绘这种教育艺术的画笔。意欲是人的自然属性，理性是人的社会属性。人的社会是建立在自然世界基础之上的，必然是要遵守自然法则的，只要我们理解并掌握了自然法则，就可以适应各种法则的衍生变化，这就决定了纯粹的自然属性是可以适应各种意识形态的社会属性的。用自然教育成就人的自然属性，以自然属性寻找适合自己的社会属性。在我心中，完美的教育应该是在孩子进入社会之前，就已经准备好了各种品质，利用这些品质打造自己的意识形态并且融入到合适的社会之中。完美的教育，应该说很难实现，但至少要尽可能地尝试接近它。

自然属性，首先是指知识的客观性，其次是指思想的独立性。对于社会属性，要以这两种知识体系辅助自己去建立初步的意识形态，最终成就自我。我觉得自然属性的目标是比较容易达到的，至少它是可以讲授的；但社会属性是无法讲授的，它只能靠孩子自己的判断及选择。通过客观的知识，培养孩子的理性思考意识，且不论结果如何，至少我会坚持这样走下去，理性和意欲便成为了我在这条路上的灯塔。

我们首先得尊重孩子的自然属性，从他出生开始便是自然的结果，他所有的学习基础都来自于自然的行为，这是他作为自然成员的本能属性。他想要吃东西便会哭喊，他想要交流便会吱吱呜呜，他想要动一动便会到处爬行……正是由于自然的天性，促使他学会了基本的行为和言语。

这些看起来理所应当学会的"普通"技能，诸如爬行、走路、说话，其实都是非常重要的生存技能，而且学习这些技能是困难的。但是孩子仍然学得很好。因为这是他自己想要的结果，这些技能对他来说"非常有用"。这是个人意欲本身的解释，我自己想干什么想要什么，那么我就发挥自身的最大主观能动性，自己去争取，这样的自然动力才是最见成效的。

"有用的"知识

也不知道从什么时候开始，教育的逻辑开始发生了变化，我们便不再在意孩子想要什么，而是基于我们想让他干什么。我们为了他的安全，强制把他包裹起来；我们为了让他吃饱，他想吃什么我们就做什么；我们为了让他保持干净，便不让他在地上翻滚……我不去批判这样做有什么不好，对此的批判在《爱弥儿》中有着非常明确的阐述。我只想说教育的本位者思想是需要明确的，那就是我们应该以孩子为中心，而不应该以我们为中心。

当我们确立以孩子为本位的教育思想时，所有的教育方法都应当以孩子的思维方式去考虑。孩子想玩，那就让他去玩好了；孩子想吃，那就把食物摆在那里，好吃也罢，不好吃也罢，食物就在那里；孩子想学什么，那就围绕他想学的内容去组织知识……

对未知事物的不了解，是恐惧的根本原因。恐惧成了主动尝试的障碍，但当孩子具备了足够的知识，他便有了探索的勇气和信心。勇气和信心将成为孩子独立行动的支持条件，他将发现自己不再需要依赖于他人，这将是他独立自主的开始。讲解知识，使他了解事物的本身，这会增强他的安全感；使用这些知识，取得相应的效果，他便能获得相应的满足感。这样他便尝到了学习知识的甜头，自然就有了主动学习知识的意愿。如果孩子正在做某件事，那么就可以直接进行讲解，顺着孩子的想法，潜移默化地把相关知识融入到他当前做的事情之中，这便达到了自然教育的要求，他就不会抗拒对知识的学习，我们也能摆脱纯粹讲解知识的枯燥与乏味。或者我们把必须让孩子掌握的知识，用一种他能理解和接受的方式进行解释，使他懂得学习这些知识的用处，并在适当的时候使用这些知识，当他真正感受到使用知识的力量时，就达到了学习这些知识的目标。

当然，这两种方法的关键是，在孩子的思维层次和知识背景下，我们如何融入这些知识以及如何确定这些知识对孩子有用？当我们持有了自然教育的理念，能够真正站在孩子的思维角度思考某个知识点的时候，我们会自然而然地根据实际情况知道如何解决这些问题。这并非不可做到，只是需要我们多花些心思。如果仍然觉得有难度，那么可以有目的性地引导孩子进入我们预先为他设计好的场景，逐个揭开已经为他准备好的知识大餐。只要这个知识点对孩子有用，他们便能够使用这个知识点产生作用，这种作用效果看得见摸得着，他们便会得到具象化的感知进而理解这些知识，如此便能增强孩子主动学习的意愿。

假如我们的目标是让孩子生活的"幸福"，那么向着这个目标前进的"知识"，对于孩子来说都是"有用的"。这种知识的有用性表现在使得自己身心愉悦，由此幸福感自然而来。这就决定了有用的知识在这个层面上是相通的，这种共通性表现在知识既可以关联使用，还可以相互转化，它们的目标都是让孩子愉悦。

比如学习数字概念。学习 1、2、3 可能是无趣的，但是对于孩子要糖果来说，先是讲解这是 1 颗糖、2 颗糖、3 颗糖，再来问他是想要 1 颗、2 颗，还是 3 颗呢？孩子当然是想要多的，他获得越多的糖果，便会越觉得高兴。当孩子想表达"多"这个概念的时候，促使他学会用数字量化表达自己的意思。**当我把数的概念下沉到与实物的结合，并成为实物属性一部分的时候，我是在教孩子概念的用法。同时，我期望孩子在接触不同实物数量的表示之后，能从不同实物的数量中感受这样一种过程，这个过程就是抽象出对数字概念的使用。如此，我直接给孩子讲授了用假设去演绎的过程，同时，期望让他自己感受由演绎到归纳假设的过程。**数字和糖果可以关联在一起，也可以和苹果关联在一起，但不管和什么实物关联，总是一个表示数量、一个表示内容，抽象理解内容和数量，它们描述了事物的两个不同维度，这就是有用的知识。它能教孩子获得更多的糖果，于是便获得了更多的幸福感。结合孩子的关注点，施以适当的教育方式，便能起到更好的效果。

又比如练习跑步。孩子在互相比较时，往往觉得自己就是最强的。很多孩子都想跑得更快，那么需要让他看到，经过一段时间的练习，他的跑步速度确实变快了，他自然就愿意继续练习跑步了。练习是一种实用的学习方法，它是一种工具知识。孩子看到了练习的作用，明白了练习的意义，就不会抗拒练习的过程。由此，在学习其他知识的时候，练习便成了理所当然的事情。

再比如画画。画画一方面在形式上可以表现为对象的质感、光影、大小、形状等物理特质；一方面还可以表现作画者某些自己的心理特征。这些基础知识的结合共同转化成审美这一类的主观感觉。

以上是客观知识的举例，就主观知识来说，思维是核心知识。不管孩子做什么，都应该有他自己的思考逻辑。对孩子要做的事情，我们如果能发现他的思考方法，加以引导他去优化自己的思路，使他要做的事情，用更好的思维方式后使得实践结果变得更好，那么孩子肯定是会愿意学习这种方法的。这样说的意思就是，思维其实是抽象层面的总和，那么所有的目标和行为都可以归结到这个层面，它们之中就有共通性了。**世间万物如果是由"真理"衍生而来，那么它们都会具备"真理"的某些痕迹、印记或者特征，这就是所谓的共通性。**在道教文化中，这叫道生一，一生二，二生三，三生万物；在佛教理念中，这叫缘起性空。

学习美术，会有对称、会有空间、会有形状；

创作音乐，会有节拍规律、会有不同模式、会有音频高低；

游戏玩耍，会有协作、会有规则、能锻炼身体；

……

由此可见，空间形状、模式、规则，这些知识在数学层面具有共通性。孩子通过对这些知识学习的目标应该是锻炼这种思维方式，而不应该过于关注这种知识的呈现方式。

以孩子"个人意欲"为宗旨，以"有用的"为目标，帮助孩子建立知识体系，这就是自然教育理念的基本思想。

"有用的"，人类能够传承下来的知识都是有用的，那些无数的、在历史上出现过的、然而被时间和实践所抛弃的知识，已经化为乌有，也不再有人能够讲授。

"有用的"，现在学校教育的内容都是经过很多年沉淀而成的，是已经证实了的具有实践意义的知识，就看我们怎样理解这些知识的用处。

"有用的"，对孩子来说才是有价值的。尊重孩子的意欲，他才会主动学好相关知识，我们只需要为他准备好满足他的意欲的相关知识。这个也许是困难点，但并非不可做到。

学习与兴趣

因为每个孩子特质不同，他想学的知识是有所差异的。尊重孩子的个人意欲，就是要因材施教，要以孩子为教学中心，要让孩子以兴趣为老师。然而，在实践过程中，我们总是有意无意地帮助孩子进行选择。或者孩子在选择的时候，我们忽略了孩子的初始动机，这种动机可能只是"新鲜感"而不是兴趣；忽略了可能预见的困难，这种困难来自持续学习的难度。于是，我们出于一种孩子可以学有所成的幻想，便盲目地答应了孩子的各种要求。

孩子想学钢琴，我们就给他买钢琴；

孩子想学跳舞，我们就给他报舞蹈班；

孩子想学画画，我们就给他请美术老师。

知识太过于绚烂，当我们看到了在各个领域取得成就的那些人的时候，于是就对这些知识产生渴望；知识太过于繁多，我们渴望抓住所有的知识，于是得陇望蜀，企图一网打尽。由此，我们经常主动地把孩子的兴趣欲望扩大，然而，孩子却没有那么多时间逐个精通，最后很可能导致半途而弃，不一定是废。我们一直疲于奔命在给孩子寻找我们认为适合他的兴趣的道路上：今天学滑轮，明天换游泳，后天去骑行。这么多的兴趣，孩子是没有足够时间精通的，要知道这还未考虑学习学科知识的时间。当然，如果只是尝试玩耍，是可以的，那么就应该以玩的心态看待，而不要指望孩子达到我们的某种期望。

尊重孩子的选择，那就要预先告知他可能的一切过程和结果，必须和他达成一致，这是必要的前提，也是必要的步骤。这里的意思是说，孩子想学没问题，那我们就与孩子约定必须坚持学习，当孩子确实觉得自己坚持不下去并且我们也觉得可能是某个条件限制了进步，那么可以协商停止这件事。这件事是指我们期望孩子长期学习并接受系统性专业化的知识的情境。一旦这件事上升到了学习的高度，到了让孩子接受专业者讲授知识的时候，教育的方向就发生了变化。

在某个时刻，并不是孩子自己主动想学习，而是被动地接受专业者的授课。有些知识是专业者长期积累的精华，当前并不一定能让孩子理解，孩子理解不了，就会觉得枯燥乏味，自然不愿意学了。所以，我们应当清楚兴趣的本质。这个意思就是说，孩子起初可能只是因为由于探索欲引起的新鲜感刺激了"他想尝试"这种欲望，但并未认识到这个知识的全貌，以至于无法判断学习这个知识的难度，因而轻易答应了我们的各种要求，但实际上随着知识难度的增加，孩子可能并不能履行当初的约定。这也是受到孩子当前无法理性思考一件事的心理约束，我们并不能斥责他什么。唯一的好处是，当他放弃的时候，需要让他明白放弃的后果，以提醒他谨慎对待下一次的约定。

起初，孩子是因为探索欲的驱使，想去了解这个知识点，这是应当鼓励的，因为这是主动的，但我们不应该主动去发问："你想学吗？"当这样发问的时候，我们已经错误地认为孩子是按照我们理解的"想学"而去思考的。这个问题的答案，在孩子那边的翻译应该是，我想得到探索的满足。如果理解了这一点，我们可以这样发问："你想试试吗？"

学习和尝试是两件不同的事情。尝试是可以的，随意的；学习是需要考虑的，谨慎的。尝试是一种玩耍；学习是一种态度。如果没有严格的要求，那么就会引起散漫的心态。对待学习，随意玩玩，不如不学。必须要分清楚哪些是玩耍，哪些是学习。简单的学习容易引起玩耍的心态，但不管学习是多么简单，都不应该轻视对待。再简单的学习都具有看不见的价值，只是我们太习惯以至于忽视了它的价值，这对"简单的知识"并不公平。孩子天生因为不知道而不知畏，并不能责怪他什么，但是我们需要对孩子这种轻视的心态时刻保持警觉。

那是不是说为了控制兴趣的蔓延，我们应当严格控制他对外界的接触呢？并不是这样。我们应当让孩子主动探索并给予支持，但不提前展示这个知识的全貌。孩子探索事物，这是他经验范围的拓展，是他与事物最浅显易见的触碰，是他在感知这个事物的表象知识。我们可以阻止他对兴趣的学习，但是我们阻止不了他的尝试。比如，音乐是通过听觉产生的，说话、鸟叫、风声都是孩子通过听觉认识世界的，我们并不能阻止他去聆听这些声音。这些声音被人类制造的乐器模仿出来，因为他的听觉已经熟悉了这些声音，他的潜意识里会好奇这个声音居然可以通过这个称之为乐器的物件发出来，他是自然而然地被这些感觉熟悉又有些陌生的乐器吸引，所以我们阻止不了孩子主动去接触这些乐器。尝试是可以的，但是学习是另外一件事。**学习需要以一种**

严肃的态度对待，一旦这个态度被破坏，是不利于后期学习状态的。

体验学习的例子

那什么时候才应该去考虑学习呢？**我认为只有当孩子初步感知到"学习"涵义的时候才可以与他协商学习的事宜**。这种时刻需要我们自行判断。

我确信自己在某个知识点上已经做到了，而且我觉得做得不错。在这里，以这种阶段性的成果举例来展示这条路是可行的。

我尊重自己孩子的选择，他三岁半的时候，喜欢一些装甲车，并且喜欢拼积木。这两种兴趣成为了接下来对积木学习发展的基础。

我还记得由于一次偶然的机会，他拿到一盒装有十多块小积木玩具时兴奋的情境。他想按照盒子上图片的说明拼装出一个导弹车，但无论如何摆弄也实现不了，于是他不得不求助于我。我当时并没有想过他会在拼积木这条路上走多远，只是想借机引导他学习一些知识。于是就一块积木、一块积木讲给他听。

首先是讲解积木的类别和数目。这是训练数感、分类与集合的好时机。

其次是详细区分每块积木的特点，以及这些特点的作用，并和说明书的图案进行比较。这是锻炼观察的能力。

再次是识别说明书上的步骤，按照步骤找出对应的积木。这是学习拼装的方法。

最后是手工搭建，教他如何定位积木之间的衔接，感受各种空间方位的组合。这是训练实践的能力。

起初，我们一起合作完成了搭建。他非常喜欢这个小型模型，爱不释手。后来，他又得到了一个类似的玩具，于是，还是一样，我继续教他拼装，但是少了许多帮助，就这样一点点、一滴滴的减少我对他的帮助，让他逐渐独立地完成。最后，在拼装大概十多个模型之后，他能独立完成小型模型的组装。

这个时候，我发现他可以走得更远一点，就问他想不想拼装更多更大的军队。我告诉他有了这些军队可以怎样玩军事游戏，可以怎样行军打仗，俨然给他描绘了一个军事沙盘。还给他看了相关的视频介绍，他表现出了浓烈的兴趣。

趁热打铁，我跟他约定好了几条应该拟定的条款，大致如下：

每次可以买一组主题的积木，但是必须拼完一个才能拼装下一个。

遇到困难我可以跟你一起解决，但是必须坚持到一定程度，这个程度我可以跟你商量，但还是要以我的意见为准。

如果不遵守约定，那么以后很多事情，比如你想买更多的玩具，就不可能了。

在这段训练时间中，不可避免地出现了很多挫折。比如，积木中途摔坏了，需要重新拼；拼的时候，积木安装方向反了，需要拆了再来；缺少积木，需要寻找替代品等。问题与困难是不可避免的，关键在于如何去调节孩子面对这些困难的勇气，以及引导他学习解决问题的方法。特别是摔坏了让孩子重新组装，是一件极其困难的事情，这需要我们极大的耐心和情感的疏导。但事情越是困难的，反而越是有价值的。我们不能寄予一次就能让孩子克服挫折的期望，而应该一步步帮助孩子建立面对困难的信心。

最后的结果就是，差不多四岁半的时候，他能够独立完成1200块积木95%的组装，仅有一些需要力量的按压加固是由我帮忙完成的。

我觉得这可以是一个阶段性的成果。

在整个过程中，我都是顺着他的意愿去实践知识的讲授，可以看到这些知识其实都是通用的：

积木数量的清点、不同积木的分类、组装时空间对齐及形状对称、彼此之间交流沟通、个人意志力的坚持以及最后完成后获得的成就感……

他并不知道我是有意教他这些知识。孩子的世界是单纯的，他只是觉得接受了这些知识，他会得到更多的快乐，仅此而已。尊重孩子的意欲，就是顺着他想去做的事情，完成教学目标。

"好雨知时节，当春乃发生。随风潜入夜，润物细无声。"待时而动，及锋而试，潜移默化，润物无声，这是教育的最高境界。

这种判断孩子理解"学习"的感觉，我尚不能准确定义，读者可通过上面的例子去感觉。当我对孩子说，你需要先认清积木的形状、大小、数量等知识的时候，才能更好地拼装积木，才能更好地达到你想要的结果。他便义无反顾地主动学习这些辅助性、通用性的知识。反过来，当他发现学好了这些知识后，自己确实变得独立了，能自主完成自己想做的事了，他便能极大地肯定自己，而且从中找到自己的自信与快乐。这个时候，他可能感知到了"学习的涵义"。这个时候，他开始逐渐理解，要掌握一样技能，是需要很多相关的知识，需要经过很多反复的练习。这个时候，他开始为新的技能的学习做好了心理准备。

直到有一天他认真提出要"学习钢琴"的时候，我认为这时就是和他协商"学习钢琴"的时机了。协商什么呢？通过提问，我们需要判断他对于这件事的大概想法：是出于好奇试探？还是想学会弹琴？通过提问，孩子也需要建立对于学习钢琴这件事的困难感知。

"可不可以说一说你为什么突然想学钢琴了？"

"你知不知道，想弹好钢琴，可是要经过很多练习的哦？"

"当你学会弹钢琴后，可以教一教爸爸，爸爸觉得这是个不错的主意，你觉得呢？"

"那我们可要约定一下，如果开始学习钢琴，那么就要认真学习和练习，你可以做到吗？"

"不可以随意放弃，当然，刚开始爸爸可以陪你一起学习。"

"我们初期的目标可以是最简单的入门考级。至于以后的目标，可以在达到初期目标后，再商量决定。"

"最后，你需要回想一下你拼积木的过程，这里面是有很多困难的，你是经过许多简单反复的练习才能克服这些困难，最后学会的。学习钢琴会碰到比拼积木更困难的事情，这个时候你需要坚持，你能听懂吗？"

如此沟通，只是需要孩子在正式进入之前，做好一定的思想准备，不求完全的准备，至少要有一些对困难的预知感觉。通过举例他自己的经历，让他能听懂我们试图表达的意思。

所以，我在此，再次总结一下经验范围内的学习和兴趣的选择问题。那就是，**孩子主动去探索的范围都叫经验范围，而一旦接受专业者讲授精华知识的时候就叫学习。**

如果因为孩子主动探索，我们就贸然地把孩子引入到"学习"这件他还未完全认识和做好心理准备的事情上时，这种情况是不合适的。我们可能搞错了"想不想学"的含义，孩子认为学习这个就是快乐的；我们会认为学习这个是掌握技能，并请专业的老师讲授专业知识，而孩子无法理解的这些知识，当前并不会带来孩子理解的快乐。在孩子积累了大量的自由探索的经验后，如果他提出要更进一步的时候，我们可以设计符合他当前能力的内容，并加入适当的必要性知识，去考察他是否真的能胜任进一步的学习。如此往复，直到他能独立做成一件事的时候，才可能认识到"学习的涵义"。

长年累月的积淀，他能知道有些知识可以帮助他把事情做得更好。同时，他能感觉到听从我们的安排，也可以把事情做得更好，他相信我们教他的知识是有用的。我觉得这一切的开窍，就是通过"某一件事"（在这里，我确定的是我家小朋友是通过积木练习的这件事），不停地练习，调整难度，设置合适的目标，让他触碰不同层次的知识的情境，由此而感知到的。**有此基础，他对当前学习的知识在未来使用的"有用性"便有了一定信任基础，他认可了这一点，就会成为以后施教成功的有利条件。**

尊重孩子，顺势而为

我相信在自然界中，动物的本能驱动会使动物自己生存得更好，所以尊重孩子自己的意欲，在初期便能发挥孩子最大的生物潜能。这就意味着，在孩子生长和改变的每个时刻，我们都需要抓住这些机遇，这种成长的机遇是一瞬即逝的，不可挽回的。

初期的教育一般以家庭教育为主，通常我们会基于自己过往的经验形成固定的思维，认为只要孩子避免我们经历的遗憾和错误，就是在教育孩子。其实，经验本身是个性化的，每个人的经验都是经过一系列加工而形成的，既然是个性化的便不是普适的。那么，用在孩子身上未必合适。

我们必须看清楚那些不会被思想所改变的经验，即客观的物体经验。这一类经验是可以讲授的，而且孩子正是要去感知这些客观的经验，这些经验正是他与自然的结合点。所以，顺势而为，**顺着孩子成长的时机和学习的方向进行教育**，不要过多的左右孩子自己的选择，他的一切选择都是基于生物的本能，这是一种自然的行为。除非确认这种选择会威胁到孩子的生存，除了对生命安全的考虑，还有什么理由阻止孩子去学习他认为的对他生存最有帮助的行为呢？

孩子想从坡道上跑下去，孩子想从板凳上跳下去，孩子想跨过这个沟壑……孩子想学了，他便能学会，这是孩子学习的最大的能力和潜力。我们阻止他的行为，便是让他少了一些学习的机会。

我们尊重孩子的选择，所有的选择都是孩子自己决定的。我们不会左右他的思想，这样，他的思想便会愈加的独立自主，他会觉得自己是被尊重的，他会觉得自己是有发言权的，他会觉得自己可以决定一些事情。

孩子自己做的决定，以后就不会在某个时刻指责我们过多的干涉他的生活，过多地对他指指点点，导致他叛逆的思想和行为变得过于极端。我们要明确自己的角色——我们只是护航者而已，决定孩子自己道路的还是他自己。如此，在他自我概念形成的关键时期大概率是不会出问题的。

我能感觉到孩子的思想在随着大脑和身体发育成熟时混乱模糊的感觉，如云雾一般，我想伸手去抓，却什么都抓不到；我想向前去探索，然而又是迷茫的不知所措。这个时候，如果孩子有一颗发光的种子作为引导，便会有利于适合他自己人格的形成。这颗种子就是我一直在寻求呵护的自我概念，也只有尊重孩子本身的意识，才能保证这颗种子的留存与成长。

自然教育的理念，对于我们来说，就是"教育要顺势而为，以此尊重孩子的个人意欲"。

第二章　自然教育

既然我们从自然中来，那么就应当接受自然的教育。

自然教育的三个目标

我们应当花大量的时间去帮助孩子扩展经验范围，顺着孩子自己的意欲去扩展。因为每一件事都是新奇的，这对于天生有探索欲的孩子来说，天然就是一种激励。然而，经验范围是无穷无尽的，我们不可能学习所有知识。上知天文，下知地理，五湖四海，文化弥新，可是我们大多都是一般的人，不太可能成为全科天才。所以，顺着孩子自己的意欲积累就好。

哪些知识对他当前有用，我们就可以引导他去学习。随着知识的缓慢感知和沉淀，他受教的素材会逐渐变得齐全。哪些知识对他未来有用，他迟早会碰到，不用急于把未来可能用到的知识早早地教给他。往往我们以为是对他好的知识，可惜的是在他还不能理解的情况下，是无法记忆并融入自己的知识体系的。

不要担心时间上的浪费，也不要担心时间上的紧凑。大脑的物质发展是具有科学性的，有些细胞还未完全发育的时候，孩子是无法建立与之对应的思维功能。就好比婴儿学习语言是随着语言细胞慢慢发育而逐渐掌握说话技能；又好比幼儿具有感知、运算的能力，也是随着心理和生理发展到一定阶段才能具备的。**心急吃热豆腐，不仅会烫着孩子的嘴，还会伤了他的心**。

在孩子相应的成长阶段，我们应当做的是尽最大努力帮助他挖掘这个阶段所具备的潜力。好钢用在刀刃上，人尽其才、物尽其用，这才是提高时间利用率最大化的方式。

大多数著作认可孩子在十岁左右的时候，学习能力最好。这个意思在生理上的解释就是细胞此时的发育接近了一个峰值。通常认为，脑细胞的数量越多越好，这是智力发展的物质基础。我在这里做一个假设，用一种组合模型介绍细胞与知识之间映射的关系。学习的本质用生理现象来解释，可以认为是细胞的组合，细胞的数量和功能的不同组合呈现出不同的技能。这个可以从脑科学研究的结果中看出来，我们也可以简单地理解为"细胞是信息的载体"。那么，越多的细胞组合，就能承载越多的信息，思维就可以利用这些细胞中的信息融合成不同的结果。

细胞组合承载信息

苹果　　香蕉　　葡萄

图 2-1　细胞组合承载信息示意图

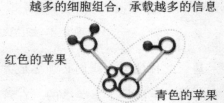

越多的细胞组合，承载越多的信息

红色的苹果

青色的苹果

图 2-2　不同的细胞群组承载不同的信息示意图

　　科学上已经说明,如果细胞长期得不到使用,那么它就会脱离细胞网络甚至退化。这是很好理解的,假设营养能量是一定的,那么这些能量将会供给发育最旺盛的细胞,我觉得这是一种自然法则,营养给到那些得不到刺激信号无法活跃的细胞只能造成浪费。

庞大的细胞网络

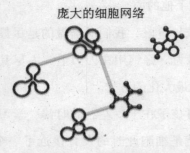

图 2-3　细胞网格示意图

细胞网络变化
（动态平衡）

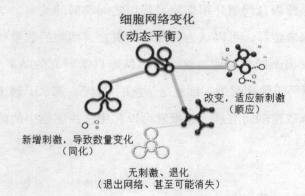

改变,适应新刺激
（顺应）

新增刺激,导致数量变化
（同化）

无刺激、退化
（退出网络、甚至可能消失）

图 2-4　细胞退化示意图

　　基于此种现象,我们必须尽最大努力帮助孩子留住最多的细胞。现在的物质生活是丰富美满的,在营养方面不做过多的叙述。那么,关键问题就是如何做才能刺激最多的细胞,使它们吸收这些营养壮大并留存。

为此，我把初始的自然教育大致分为三个目标：

一是加强身体感官的锻炼；

二是增加客观经验素材的积累；

三是重视思维熔炉的锻造。

身体感官是信息接收的渠道，这是自然教育工程的第二部分内容。它最重要的作用就是接收信息，这是我们与自然最直接的联系。那么，锻炼身体各个感官，提高渠道接收信息的效率，就成了首要目标。我们知道，感觉器官都是通过神经冲动传导信息，神经元具有变化的能力，可以与其他的细胞建立新的链接，也可以加强现有的链接，这称之为神经元的可塑性。据此，我提出两种模型假设，形象的感受一下这种效果：

一种是神经纤维个体的变化，由纤细变得更为粗壮，就像细水管变粗了一般，这样，单位时间，信息接收的效率越高，那么时间利用率自然就越高了，如图2-5所示；

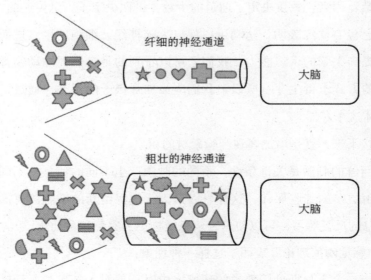

图2-5　第一种模型模拟演示图

另一种是神经纤维数量的变化，刺激使得神经元细胞数量得以增多，多个神经元细胞可以并行处理信息，那么接收信息的效率便会提高，如图 2-6 所示。

管道的横截面积。类似于欧姆定律，横截面积越大，电阻越小。

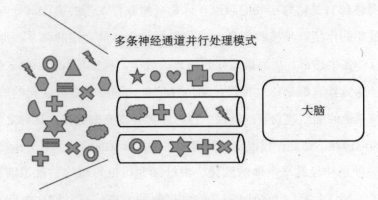

多条神经通道并行处理模式

大脑

图 2-6　第二种模型模拟演示图

数量因素。数量决定了通道的个数，进而决定了信息传递的效率。

已经有研究表明，运动可以促进大脑神经元细胞新生，进而帮助人们提高大脑的认识能力。我们还可以看到的是自然界的动物都是以运动的方式求得生存。所以，我们应该加强孩子的运动，通过运动锻炼身体这个容器。

接下来，就是增加客观经验素材的积累。

新鲜的刺激是关键条件，不同的刺激产生不同的信息，不同的信息则由更多的细胞保存，这样可以最大化地保留新的细胞。对同样一种信息的反复练习，可以使这种信息结构更为完善和自动化。

"感觉阈值理论"表明了这样一种现象：

当一个人长期处于熟悉的环境之中时，他对于外界的刺激就会变得迟钝，细胞不会处于兴奋和活跃状态。此时，是他身体的能量处于消耗最低的时候，所以当他在自己家里的时候通常感觉最放松最舒适。但当他处于新的环境之中时，外界对他的刺激作用就会越明显，他的神经就会处于相对紧张状态，这种紧张状态不仅会引起他内心的不安全感，还会一直消耗他的精神力去适应环境的改变。

基于此种现象，可以有两种学习途径：

一是如果为了锻炼感官能力，我们应带孩子多出去看一看不同的风景，使身体保持主动适应的状态，不仅能锻炼身体感官的灵敏度，而且不同的风景带来不同的刺激，进而促进细胞的增殖和发育，这就形成了不同的客观经验素材；

二是如果为了集中注意力学习某个知识，应当让孩子处于熟悉的环境，减少身体的感知，达到身心合一的状态，以此提高学习的效率。

"读万卷书，行万里路。"当孩子还未开始正式学习知识的时候，应更偏向于"行万里路"。假设孩子的学习和运动时间加起来十个小时，基于"二八原则"，那么我宁愿孩子八个小时用于运动，二个小时用于学习。随着他年龄的增长和学习的要求，这个比重是可以逐渐向学习的方向倾斜的。

最后，教育的核心目标是对思维熔炉的锻造。很多人确实知道思维是最重要的能力，都会重视对孩子思维的锻炼。但这里要注意两个问题：

一是，在孩子还未发育到一定阶段的时候便匆匆锻炼他的高阶思维。这里皮亚杰认知发展的四个阶段可以提供一定的参考。我们需要重视孩子的认知发展规律，在对应的阶段锻炼适合于他的思维能力。

二是，"巧妇难为无米之炊"，孩子若没有准备好思考的素材，我们便很难锻炼他的思维。在孩子还未积累一定的实践经验之前盲目锻炼他的思维，使他脱离对实际素材的思考，空想事物，被虚幻之物所牵引，容易造成他好高骛远、纸上谈兵的习惯。

所以，我们不必急于锻炼孩子的思维，在他大脑发育达到一定阶段之前，正好利用这段时间帮助他积累实践经验，这将是一件水到渠成的事。

思维虽是核心能力，但如果没有足够的素材，也是无法产出内容的。在孩子有了一定的客观经验素材之后，我们需要引导孩子思考这些素材。比如，对一种现象进行"抽丝剥茧"、对一个问题进行"举一反三"、对一个物体进行"格物致知"……思维有许多种形式，可以逐一加以锻炼。如果觉得思维的种类太多太杂，我觉得归纳和演绎是必须掌握的思维方式，这两种类型是科学研究的基本方法。**对思维锻炼的最终成果，是在孩子的脑海中产生一些思考的"模式"，当孩子面对一些问题的时候，能自动地运用这些思维模式进行相关思考。**

我们应当重视锻炼孩子基础的感知能力以及增加知识素材的积累。很多人会忽视这种内在能力的建设，因为这种内在能力很难表现出来，以至于我们不能确信孩子究竟学了什么，认为这种学习就是在浪费时间。我们更倾向于直接讲授看得见的知识：画画、钢琴、体育以及各种应试教育的学科知识。确实，只有实实在在的表现才能体现孩子学有所成，才能让我们觉得踏实。所以，我们理所当然地认为应该把时间和精力投入到这些具体的知识之中。

教具体的知识本没有错，但错就错在讲授这些知识的时机和方式。我们本身不太可能精通所有领域的知识。以画画为例，我不会画画，但是我觉得画画很重要。既然自己教不了，那么就请老师教。可是，老师如果锻炼孩子画画的基础能力，那么可能很长时间都看不到效果，从而导致有些老师为了一些可见的经济利益，不得不带着孩子完成一些让大人看起来很惊艳的画作。久而久之，孩子只会跟着老师画，如果他离开了老师的指导，可能就连苹果的线条都很难临摹出来。基础的能力，是通用性知识，不管是画苹果还是画梨子，都会考虑线条的使用。通过对线条使用的理解，孩子会懂得哪怕仅仅是用线条就可以描绘所有事物的细节，于是他不会担心因为自己能力的不足，便需要用更多的颜色去掩盖作品的缺陷。这种基础能力建立后，后续的学习效率便会呈现指数式的增长，会大大弥补之前看似"浪费"的时间。基础和表象教学结果的差异是显而易见的，这其中的差别可用图 2-7 展示。这只是一个简单的描述模型，目的在于给读者一个直观的感受，并不代表真实情况。我坚信这是两种教育模式的结果，我更加坚信自然教育会带来指数式的增长效率，这是一种对自然教育的信仰。

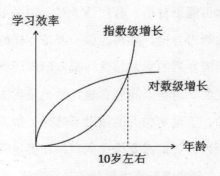

图 2-7 两种曲线增长的示意图

我们还可以这样类比看待表象这个问题。体育项目有很多类型，田径、体操、球类、水上运动等。如果仔细去思考，我们会发现这些运动的共同目标就是"更快、更高、更强"，而要达到这样的目标，无非就是三种基础能力的锻炼——体力、耐力和控制力。体力是基础性的能量来源，耐力是持续性的精神力，控制力是对精细动作的把控程度。那么，明确了这些概念之后，接下来就是针对这些能力进行锻炼。

在这些能力之上，制定的一些样式规则，只不过是因为形式不同而带来了不同的体验和乐趣。形式在我看来并不是最重要的，可它是必要的展示方式。这种展示方式的意义在于通过形式的表现体现能力的水平，进而获得成功的认可，以达到实现自我的目标。

形式仅仅是一种表现，它能够吸引人们的注意，不同的形式可以刺激大脑不同的区域，于是给不同的人以及同一个人带来不同的愉悦。这是不同形式的价值所在。**形式的更大意义就在于，孩子可以根据某一种形式，选择自己的偏好，不同的形式由于规则不同，导致些许的差别，由此带来不同的理解与趣味。**比如，足球用脚、篮球用手、羽毛球用球拍，这种不同的兴趣是由于身体和心理发展导致的个体偏差。有些孩子对于用脚可能更自信，有些孩子对于用手可能更擅长，而有些孩子可能更喜欢舞刀弄枪。起初，孩子都是一样的，最多由于先天的基因不同带来后天发展的偏差，这种偏差形成所谓的天赋，先天因素是没有办法改变的。但是，我们在最开始也是无法区别出哪种形式是适合自己孩子的，于是匆匆为他做出了选择，很多可能的天才也许因此而被埋没。所以，我们需要徐徐观察，在确定哪种形式是适合孩子发展之前，可以仅针对基础能力对孩子进行锻炼。

形式的多样化即兴趣，对孩子来说，并不一定是好事，这一点在我的第一部著作中已有所阐述。我们应该以一种形式来锻炼孩子的某种能力：跑步锻炼体力、跳绳锻炼弹跳、器械锻炼力量等，让孩子对这种形式的锻炼养成一种习惯。

坚持是一种难能可贵的品质，但仅仅对某一种目标形式的坚持，我觉得不太可行。就是说，假如一个人不擅长跳水，可是他一定要以跳水为目标实现自己的价值，就有点本末倒置了。所谓本末倒置就是把兴趣本身当作自己谋生的能力，他本应该是寻求基础能力的锻炼，但是却沉迷于形式的表现，跳水可能用于锻炼你对身体的控制力，可是他却把跳水的形式当成价值的体现。当然，除非他在跳水这个领域有天赋，那么确实可以达到双重目的——既能锻炼基础能力，又能实现自我价值。

对于基础能力的锻炼，应当做到持之以恒，既然跑步能锻炼体力，那么无论如何都应该坚持下去，坚持的并不是跑步本身，而是通过跑步提升体力。但当孩子持续做一件事情，时间久了难免乏味，这就涉及另外一个理论——激励理论。这一点后面会进行阐述。

人与自然

在当前知识爆炸的年代，在还未明确孩子适合学什么的时候，先培养他的"学习容器"，岂不是百利而无一害的事情么？其实，我相信大多数人还是理解巩固基础的重要性的，只是不知道如何实施教育。那么，我们可以尝试自然教育，顺势而为，尊重孩子的自然天性，就已经成功了一半。

究竟什么叫作自然教育？我所理解的自然教育理念包含下面四个基本的内容。

> 我们的思想是自然教育——理性与意欲。

> 我们的方法是自然教育——顺势而为。

> 我们的内容是自然教育——经验与知识的本源来源于自然。

> 我们的环境是自然教育——在大自然中进行教育。

理性与意欲，初期选择意欲，就是以孩子自身为中心，充分发挥孩子的主观能动性，尊重孩子的自然成长规律。

顺势而为，遵从孩子的自然想法，这并不是说放任孩子的选择。其实，孩子起初的想法与他周围的环境有关，孩子每天都跟随在我们的周遭，必然会对我们所做的事情产生好奇，更会学习我们的言行。大自然赋予了每种动物以独特的技能生存在自然之中，它们所要做的就是不断地学习打磨这种技能优势。如果一条鱼整天都想着如何去爬树，那么它离死亡也就不远了。**所以，最好的教育内容，就是我们自己当前做的事情**。我们所擅长的事情，都是通过自己一点一滴学习掌握的，那么就可以自上而下地拆解成孩子可以学习和理解的知识点。就好像小动物们刚出生，它们的父母就会教给它们生存技能一般。

经验与知识的本源来源于自然。人类生活在自然之中，生存的物质从自然而来，所以人类首先得认识自然、学习自然，进而改造自然，以求得种族的延续。自然学科就是通过观察自然现象，获取经验，经过逻辑推理后形成的知识。自然作为客观的存在，未曾改变，改变的是人类对知识的认识程度。

在大自然中进行教学，才能最直接地与自然进行对话。举例来说，对于风的感受，在大自然广阔的环境中，孩子能看见树叶的摆动，能感觉到空气的流动，能听到风的声音。这是三种感官的立体经验，孩子越是能全面利用感官工具，那么他越是能接近真实的经验。"风吹草低见牛羊""山雨欲来风满楼""白银盘里一青螺"，如果诗人不曾见过这样的自然景观，怎么能颂出如此有意境的诗词！

就诗词而言，首先，应学习的是对自然细致入微的观察，这需要行万里路；其次，是融入自己的思想，这需要阅千种人。

最近看到一篇文章，因为暴雨，使得庐山瀑布景观重现，于是网络上开始盛传"疑是银河落九天"的场景。很多网友相信，一定是当年的李白见过此景，才能颂出如此绝句。所以，一种经验能被深刻记忆并模拟化表达是一件很困难的事情。用教育的话说：

首先，你得有专业表达的技能，这里指运用语言文字的能力。

其次，你得有相关的知识经验。对于一个你没见过的场景，你如何去想象呢？就好比李白没有看到过宇宙的黑洞，他永远也不会用黑洞去形容事物。

最后，你得运用自己的思维，去融合你眼前见到的景象以及因此而产生的情感，并通过你的技能表达出来。

值得说明的是，自然教育提倡在自然环境中进行学习，但自然教育不等同于自然学科。我们可以看到，很多人在宣传自然教育的时候，都是展示如何农耕、养殖、采摘、自然手工、观察昆虫等内容。当然，这些课程都是好的，但仅仅只是自然教育的一小部分，我觉得可以称之为自然课程。孩子们在这种课程中积累了许多自然知识，这是值得肯定的事。

这些理念是需要为最终目标服务的。我所定义的自然教育的最终目标是教孩子以理性的判断去解决问题。这就需要培养理性的判断力，培养理性至少需注意三个方面：第一，用行动而不用言语；第二，用客观物体影响；第三，选择事物。

　　这其中，选择事物的意义就在于，我们所要面对的知识太多，以至于不可能在短时间内全部学完。所以，我们要为孩子选择事物，选择他所感兴趣的，选择他所愿意学习的，选择他所必须掌握的。初期，孩子应当用所有精力探究该事物的真实情况，以期获得全面精确的信息，这样他才能对所了解的事物做出最正确的判断。一个人不可能对他不了解的事物做出合理的解释。在这个过程中，我们可以引导孩子学会一个了解未知事物的科学方法，当他触碰未知的事物的时候，就会首先使用这个科学方法，遵循科学的引导进行学习。比如，赫尔巴特总结的明了、联想、系统、应用的方法（这只是一个例子）。有了科学的方法作为铺垫，他不会鲁莽地对未知的事物进行判断，而会先按照科学的方式进行探索，这就是理性的表现。这些方方面面的事情，都需要在"选择事物"这一点中完成。

　　在这里多说一点，有人会说后人发展了赫尔巴特的四步方法，发展后的方法更为精确。这样说我觉得没有问题，但是没必要刻意去追求精确。怎么说呢？**核心理念的重要性在于，根不变，变的是衍生。**每个人都可以根据自己的经验和特点衍生出适合于自己的理解和教法。也许我们在运用这四步法教育自己孩子的时候，不知不觉已经在适应性改造，并加入了自己的独特见解，只是我们不曾意识到并总结归纳成理论。**核心理念是大哲学家创建的，他们的伟大之处就在于，由繁入简，返璞归真。**核心理念是大哲学家总结出来的框架体系，更优秀的人应该进一步浓缩简化，以求达到真理。老子的真理就是一个字"道"，接着"道生一，一生二，二生三，三生万物"。所以，我们只需细细体会大哲学家的思想就好，至于方法是可以自己衍生创建的。

有了明确的目标和合适的理论指导，我们就能在很多地方影响自己的教育过程。不管是表面上的直接影响还是潜意识的间接影响，我们都能在行为、言语和情感上看到自己的改变。

再论学习的涵义

对于我们来说，什么能教、什么不能教，是一个需要选择的问题。这里，有一个基本的判断条件，就是能不能把这个知识点讲得浅显易懂。要达到这个要求，前提是我们本身具备对这个知识点的理解和描述能力。如果一个知识点讲解得不清不楚，容易造成孩子的困扰，他所听到的可能是支离破碎的片段，过了一段时间忘掉大半，导致他接收信息的效率低下。甚至有可能讲解错误，导致他不仅理解错误，而且在错误的知识点学习，增加了更多的错误理解。

一个经验丰富的成人，他的思考具有空间和时间的跨越性，信息之间的潜在关联可能会在他讲解的过程中被一带而过，这是由于他的专业熟练性导致的，这并不能责怪他。但是如果他不能站在孩子的角度思考如何讲解知识，而是把这堂课当成是同行业专业人士之间的交流，这种一带而过的讲解对孩子来说会形成知识真空，孩子会感觉知识如同被割裂成断断续续一般，那么他不能算是一个好的教育者。他的自我陶醉式讲解会使得孩子听得一知半解，这样，无法理解讲解内容的孩子自然会逐渐失去兴趣，不再专心于课堂，所以我们也不能责怪孩子没有学习的头脑。鉴于此，我们不但要把整个思维过程讲解清楚，还要把支撑这个知识点的每一个关联条件都讲清楚，讲得更为细致，尽力使得讲解的每个细枝末叶都能触达到孩子的理解范畴。

我相信一个成人所积累的知识是足够在初期教育阶段发挥作用的。就这一点来看，人人都可以成为教育者。我们还可以这样举例来讨论这个问题：一个小学语文老师，具有十年的教学经验，他把学生从一年级带到五年级，他只教两个班，那么一篇课文只能上四次，如此，这位具有十年教学经验的老师在挖掘一篇文章的深度上只有四次机会，那么他自己是否真能读懂这篇文章，我保留意见。所以，如果你一天就把这篇文章读了四遍，那至少从熟练度来说，与这位老师的经验不相上下。有一些人，他们未必有资格证，他们未必有厚实的专业熏陶，他们未必懂得小朋友。可即便是这样，他们也能硬生生地靠自己的实践与思考，挖掘出知识的精髓，走出一条自己的教育之路，这靠的是他们的教育之心。十年磨一课，格物而致知，这是有共通性的。

事实上，我们存活了这么久，那么总有让我们活下去的知识。如果我们不知道教什么，那么就先教这些知识。

如果我是一个农民，那么我就教孩子如何去种蔬菜：怎样种蔬菜才能让它存活；怎样种蔬菜才能让它长得茂盛；怎样种蔬菜才能让它味道更甜美……

如果我是一个工人，那么我就教孩子怎样拧螺丝可以更牢固；怎样撬动重物可以更省力；怎样搬运货物可以更快捷……

更有甚者，如果我是一个盗窃者！那么我就教孩子如何转移目标人物的注意力；如何通过观察判断哪些人有钱；如何通过交流取得对方的信任……

知识无贵贱。道德建设是另一个方面的事情，所以先不谈这些知识和技能是否对他人有害。但就知识本身来说，我们已经学会某些技能并能熟练使用。如果把这种知识稍加思考，把理解的过程，讲解给孩子，那么带来的效果将是非常有价值的。**这种对某种具体知识使用多年的专业经验足以让你用浅显的说明使得孩子理解并学会**。我坚信，学习知识的能力是触类旁通的，孩子理解了这种学习过程，那么以后讲授其他知识就会变得越来越容易，孩子甚至可以自己主动学习了。所以，知识贵在精而不在多，关键是如何在初期把这些知识讲透，而不在于教了孩子多少知识点。

基础是事物发展的根本和起点。既然基础是起点，它必然适用于任何由它衍生出来的各种事物，那么它就是通用的。基础性能力都是通用性的能力。基础能力就是那些，有人归纳了八种核心能力：语言表达能力、观察力、注意力、记忆力、运动协调与操作能力、运算能力、逻辑与推理能力、想象力与创造力；又比如五项多元才能：社交能力、心理素质、团队合作、策划决策、领导能力。每个人都可以总结出自己认为的重要的基础能力，这些能力的名字各不相同，但实质指的都是同一个目标，那就是增强自己的综合能力。

如何做，才能达到锻炼这些能力的目标呢？知识是静态的，能力是动态的；知识是外在表现形式的不同，能力是内在运用的工具。通过对一种知识的学习过程达到锻炼所有这些能力的目标，通过对这些能力的掌握，再去学习不同形式的知识。笛卡尔说："世界上最有价值的知识是方法的知识。"大概就是这个意思。

当孩子的学习能力已经建立并完善的时候，让他自己去扩展知识面就好了。如果理解了这一点，那么，就不用担心我们教给孩子的知识不够用而一定要超前学习。

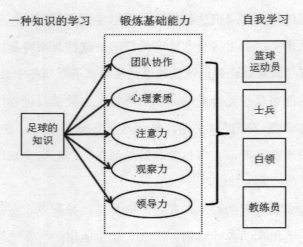

图 2-8　基础能力的建设与使用

　　超前学习不是不可以，但是要保证基础性知识的掌握以及孩子个人情况的表现。这种表现可能是信心，可能是理解，可能是意志，等等。这些是与孩子特质相关的。另外，所谓的超前学习是对于基础教育科目当前的设置情况而言的。一般理化生等自然科学知识会在十二岁以后慢慢接触学习。但如果就这些知识可能与生活现象有切实的联系这一点来看，并不算超前。毕竟孩子已经在生活中观察到一些有趣的现象，并且对这些现象产生了疑问：

　　"这个是铁，但为什么变成红色了呢？"

　　"水为什么会变成冰呢？"

　　"几种颜色经过搅拌为什么会变成新的颜色呢？"

　　如果我们具有足够的专业知识，并把这种现象用通俗的孩子能理解的话术解释给他听，那么，我认为是可行的。比如，化学元素周期表可以当作基础的假设知识，它和我们的生活息息相关，部分金属元素很容易"看得见摸得着"，如黄金、铁、水银等。这就表明我们是可以在孩子有一定实践经验之后教他元素周期表的。

"铁上面的红色物质，我们叫铁锈。

铁（Fe）和氧（O）本来不是好朋友，但是铁和水是好朋友，水和氧气也是好朋友；

后来经过水的介绍，铁和氧也成为了好朋友；

于是当大家在一起的时候就组合成了铁锈。"

慢慢的，再把化合物如水、铁锈、酒精等，讲解给他听。我们无须演示化学反应式，也不会去计算平衡分子等式。但可以把这个反应过程通过他熟悉的故事类比式地讲解给他听，使他建立初步的感知。这只是一个例子。我们可能不具备相关的化学知识，但是一定具备能够维持正常生活的技能知识。

通过一种知识，锻炼某种能力，最后明确告诉他并让他看到这种能力锻炼后是"有用的"。我们用跑步锻炼孩子的体力，今天一口气跑五十米，明天一口气跑一百米，下次跑四百米、八百米。我们用可以见到的效果解释孩子能力成长的作用，使他明白这个能力有用。我们用骑车锻炼平衡能力：先是带辅助轮子的四轮车；接着是两轮自行车；最后是站立式平衡车。以简单可控的工具入手，逐渐进阶到技巧型的高难度工具，孩子会明白平衡力带给他的速度与激情。通过这种方式，不仅达到增强他自己挑战困难的自信心，更是让他明白一种学习的必经过程。我们还可以看到的是，随着时间的迁移，当孩子看到其他小朋友玩得更好的时候，孩子自己便会不满足于当前"乏味"的形式，主动提出挑战进阶型的难度，这正是强调学习的意义的最好时机。

图 2-9 借助工具锻炼平衡能力的演化过程

那么，接下来，是可以让孩子具有一定选择权的。我们应当强调的是，经过前期的努力，孩子已经具备了学习一种运动形式的能力，所以他靠自己的努力拥有了这种选择的权利。我们现在可以引导孩子用多种形式锻炼某种能力。形式选择多少，关键在于我们擅长哪些技能。有一点建议是，这些形式不能太多，我们只是给孩子选择，并不是用多种形式勾起他无限的欲望，扰乱他的视界。

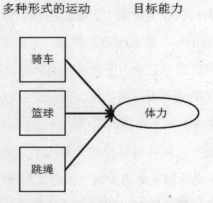

图 2-10 多种形式的乐趣锻炼目标能力的示意图

知识没有简单的，只有基础的。我们很多时候并没有意识到基础知识之间的关联，这种关联性已经形成整体结构，它让我们看到和感受到了更为精妙的上层知识。比如，奥数（奥林匹克数学竞赛的简称）

有时候展示了一种完全新鲜的逻辑思维，可能还带有一些取巧的性质，它以一种特定的解题技巧掩盖了背后的复杂原理，我们自己因为已经拥有许多成熟的经验，所以可能知道这种奥妙所在。于是我们就认为孩子必须学习这些高大尚的知识，这会很有用，但是对于没有任何经验的孩子来说，这里面的逻辑性仍然犹如空中楼阁般不可企及。孩子可能最后只学会了怎么使用，如果题目稍加变化，他可能就无从下手了。我并不反对孩子学习这些知识，但我很难认为孩子在没有做足准备的情况下，能具有学习这些知识的能力。贸贸然把他引进这些领域，无异于饮鸩止渴。刚开始还能学会入门的奥数，但这仅仅是表象，由于外部知识难度的不断加深，以及孩子内在的我们看不到的变化，随着时间的推移，他的精力和理解力就会像一根弦，突然崩断一般。我们不必急于让孩子学习高深的知识，既然基础知识能保证他的生活，又何苦执着于专家知识。

　　尽管有些知识看起来是简单的，但它所起的作用是基础性的。因为基础性的知识才能被大众所学习，是达成共识的，如果不是这样简单易学，那么很多人恐怕也难以生存。在一般情况下，知识的重要性和它的效用的大小成反比例，最必要的知识结果变为最不为人所重视的知识。然而，正是这些能让一个人存活的，每个人都能掌握的知识，成了构建上层知识的支撑。因为只有先解决生存的问题，才能继续学习的事情。很多人轻视基础性知识，把它当作理所当然的事。殊不知，对这些知识的掌握是他们经过多少岁月的累积和实践后领悟的。这些人对这些知识的运用已经达到"自动化"使用的程度，致使他们都没有意识到它们的存在。

　　"这是 1，这是 2，1 加 1 就是等于 2，这么简单的知识你怎么都学不会！"

　　不得不承认有些知识还无法解释，但由于轻视了它，我们自己就变得狂妄自大，以至于我们在教育孩子的时候，说出来的话都变了样。先不说 1 加 1 等于 2 本身是数学王国的基石，它的重要性不言而喻，况且我们也未必能解释清楚这个人类描述事物的伟大发明的原理，甚至他们自己也是被匆匆讲授而已，从未领会过这种用数字公式描述事物的意义。而且就这种话术来说，会对孩子造成潜意识的伤害，孩子可能会觉得自己真的很笨。这种伤害起初可能很小，但是不加以留心，随着时间的增加，随着他长大，会被无限扩大。如果这个结果造成了孩子的畏惧和不自信，那么他不敢再问任何问题，我们再也得不到孩子的反馈。得不到反馈，便无法看到孩子脑海里的知识架构，接下来的教育便无从下手，这样是得不偿失的。在孩子的初始教育中，往往起始都是孩子主动进行提问，这是由于他的不知所致；而在教育进行一段时间后，我们是有必要反过来对孩子进行提问，以确认他是否把信息正确转化为自己的知识。**问题，不仅可以被孩子用来求取答案，还可以被我们用来引发孩子的思考。从孩子问问题到问孩子问题，反馈机制，是非常重要的考察方法**。对于问题的反馈，一直就是教育的最好时机，我们可以看清楚孩子对哪些知识掌握的不足，以求对症下药，教育便能取得最好的效果。所以，我们不仅要小心保护孩子提问的勇气，还要用科学的方法引导他学会如何提问以及回答问题的能力。

　　我们对知识要心存敬畏，这样才能看得到一个知识背后所承载的信息量，不至于被轻视蒙蔽了双眼，并由此产生对孩子加以苛责的言行。如果我们不知道怎么解释知识，至少言语要缓和，态度要耐心。换一种方式去描述：

"你看，这叫，1颗糖，这是，另外1颗糖，把它们放在一起，就叫2颗糖。1+1=2，就是这个过程的一种描述方式。"

所以，对基础知识的重视和对孩子的耐心，成为了我们初始教育成功的必要条件。

孩子容易刨根问底，因为他确实不能明白我们所讲的知识是什么意思。这也表明了知识的信息含量可能牵涉很多概念。

"儿子，跑步可以增加你的体力"

"爸爸，体力是什么？"

"体力就是……"

怎么解释才能让孩子明白呢？词典对体力的解释也未必直白，什么叫直白呢？对孩子来说，基于他的知识范畴，能够使他清楚明确了解的含义。如果解释产生了循环，那么就是再糟糕不过的情景了。比如：

"体力就是耐力。"

"耐力就是体力。"

对于体力，我是这样解释的："体力特指一种支持人类活动的能量。比如，抬手需要体力，走路需要体力，跳跃更需要体力。一切生命活动都需要能量，能量可以有各种形式，但是体力指的是可以支持你跑得更快或者更远的那种能量。当你跑不动了，体力就用完了，可是你的身体还有能量让你呼吸。每个人拥有的体力多少不同，这些体力可以通过后天的锻炼提升；每个人的体力转化速度不同，这也可以通过后天的锻炼提高。通过锻炼，可以得到更多的可以转化成体力的能量，那么你就可以跑得更远或者更快。"这里，能量已经是一个基础概念，这是不需要解释的，就好比用"1"来描述一个原子物体一般。

诚然，如何判断哪些概念需要深入了解，哪些概念已经是不能再拆分成由更小的概念进行解释，这是没有一个定论的。但有一个原则可以遵循，那就是我们可以通过一些生活化的现象教孩子了解这些概念。所以，如果能用生活化的现象解释体力也是可以的。**这些概念本身就来源于对生活现象的描述总结，只不过为了提高信息的交流效率，便发明一些专用词汇来解释需要用大量言语描述的事情。**只要能够清楚地让孩子明白理解我们想表达的意思是什么，那么教育就成功了。

教育并不是什么深奥的事情，只要懂得一些道理，加上我们能够教的知识，便能帮助孩子建立对学习的理解。知识是静态的，学习的过程是动态的。知识本身固然重要，但更重要的还是让孩子明白学习的涵义。

我们应该坚信这样的观点，"一个人不必成为专家也可以解决大部分问题"。最简单的解释就是，即使一个人并非某一领域的专家，但是他的知识可能蕴含着解决这个领域相关问题的方法。况且，最有优势的是，有时候一个人独特的知识视角，反而在新的领域能激发出非常规的思维，从而提供新的解决思路。一个新颖的视角加上一个新的技能组合将会成为解决问题的强大武器，这可以催生出一些卓越的事情。此所谓"当局者迷，旁观者清"。就这一点来说，更加证实的是，我们可以给孩子讲授那些我们已经熟练掌握的赖以生存的技能的学习方法。

孩子已经拥有了对全新事物的好奇心和初始的探索欲望，如果要达到掌握这个全新知识点的水平，那么还需要一点想象力和意志力，然后付出一些行动：从基础开始"学"，反复练"习"，加上思考付出时间与精力，最终可能就会收获意想不到的结果。

一旦我们在孩子心中种下了这颗"如何学习"的种子，那么，教育就成功了大半，剩下的就是孩子自己去学习了。

第三章　感觉感知与运动

"工欲善其事，必先利其器。"

亚里士多德认为知识起源于感觉，他肯定现世存在的价值，即重视我们所拥有的经验的实质。

认识事物

我曾经看过一部关于动物能力的纪录片，讲的是"狗用嗅觉的感知建立世界，海豚用声音的感知建立世界，很多昆虫会用触觉的感知建立世界，还有全身都是味觉感受器的黄鲶"。当然，我们无法完全确信它们的世界是什么样子的，但肯定是有差别的，至少我们与那些有视觉障碍的人交流，就知道一件物体在不同人的眼里原来是有不同颜色的。

我们先认识一下感觉和感知的科学定义。

感觉感知，在心理学里面，属于不同的心理过程。

感觉是反映事物的个别属性，依赖于人体的器官，如视觉、听觉、味觉、嗅觉、肤觉（包括触觉、温觉、冷觉、痛觉）、前庭觉（又称平衡觉）、本体觉（又称运动觉）及机体觉等感觉能力。感觉强调的是大脑对直接作用于感觉器官的客观事物的个别属性的反映。人对各种事物的认知活动是从感觉开始的，感觉是最初级的认识活动。同时，感觉是知觉、记忆、思维等复杂的认识活动的基础，也是人的全部心理现象的基础，是最简单、最基本的心理活动。

由感觉器官获取的信息在人体内传输的通路基本上是由感觉神经元、运动神经元、中间神经元组成。感觉神经元接受刺激，将刺激传向中枢，抵达运动神经元，最后由运动神经元发出指令，指导肌肉或腺体产生效应。

感知是客观事物直接作用于人的感觉器官，人脑对客观事物整体的反应。感知强调的是事物的整体属性，依赖于多种感觉器官的联合活动。

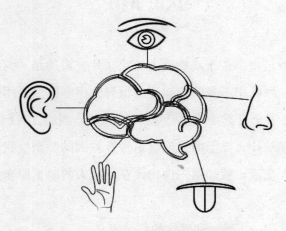

图 3-1 人体的感觉器官示意图

本文的目的在于阐述一套合适的教育实践工程，所以读者不必对这些定义咬文嚼字，如果能有一个大概的认识，有利于理解本章的教育目标。

这个教育目标就是，通过运动锻炼感觉器官，使大脑能够尽可能准确地认识事物。

之所以说"尽可能"，是因为一件事物是否能够被正确的感知并认识，属于哲学领域的讨论范畴，不在这里深究。我们只需要遵从一个事实，大部分人基于认识达成了一个标准，并能够利于这种标准做出有用的事情。比如颜色，大部分人对于颜色的认知是达成了统一标准的，但是由于先天的基因差异，会导致部分人对于颜色认识有所差异。我们仍然利用标准的颜色规范制定了一些规则并加以使用，比如在交通规则里面，每个人都需要遵守红灯停、绿灯行的规则。

我们能够从上述的科学定义里面看到几个关键的词：个别认识、整体联合、基础活动，把握住了这三个词，本章就有了科学依据。

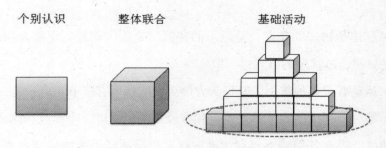

个别认识　　　　整体联合　　　　　　基础活动

图 3-2　个别认识、整体联合、基础活动示意图

个别认识，指要对单个器官功能进行专项锻炼。这样，我们可以做到有的放矢：对视觉进行锻炼，那就要多看；对听觉进行锻炼，那就要多听；对肤觉进行锻炼，那就要多碰触；等等。

整体联合，对单个器官进行了专项锻炼后，就要寻求它们之间的协作认知。因为一个物体的表现来自于多方面的展示，它的形状、它的质感、它的发声、它的气味、它的味道等，只有得到了多个维度的信息，形成一种立体的认知，才可能得到一个综合的准确的判断结果。

基础活动，基础知识是深入学习的前提，地基的牢固程度决定了上层建筑的高度，这里的牢固程度可以理解为对物体的广度和深度的准确认知。一个准确的信息远比几十个模糊的概念更为重要。既然感觉感知是后续高级认识活动的基础，那么我们就应该花时间、花精力帮助孩子建设它们。

那么，要如何实践才能达到锻炼感觉器官的目标呢？其实，方法很简单，那就是运动。

运动的突出作用

身体是物理的存在、是意识的容器、是提供能量的保障。物理的存在只能通过物理的方式进行锻炼。

运动有很多种作用，但我认为最突出的作用有以下几点：

第一，运动能锻炼感觉器官和神经系统，并进一步形成身体记忆。运动可以提高各种感觉器官的灵敏度，提高神经系统的传递效率，使感觉器官接收信息和神经系统传递信息的功能得到快速、精确的发育。身体记忆的表现就是自动化与反应速度，当感觉器官灵敏度和传输速度足够高的时候，面对危险，身体会自动表现出"下意识"的行为，这种行为可以有效地避免物理伤害，是保障生存的方法之一。

第二，运动能锻炼内分泌系统，提高机体免疫力。内分泌系统直接影响情绪和免疫力。通过运动提高内部器官的协作机理，调和各种生理激素的释放数量，以达到生理稳态。生理激素会影响大脑的情感因素，情感因素是重要的主观意识表现，这会直接影响很多生活状态，对于教育来说主要会影响学习状态。同时，一些生理激素也能影响机体的免疫力。当然，除了生理激素，运动还可以通过促进血液循环和代谢等多种途径提高机体免疫力。我们无法直接对产生激素的生理器官进行锻炼，只能间接通过运动进行加强。

第三，运动能提高体力。体力是各种生活活动能量的主要来源，包括思考的精力。

就第一点来说，我们可以单独锻炼孩子每种器官的功能，这里的方法多种多样。我相信，从孩子出生开始，就已经在自然地接受大自然的锻炼。人类从自然中来，身体与自然是最为融洽的，只需要顺势而为，把孩子放到自然中去，就能自然地对孩子的身体进行锻炼。

对于孩子的视觉，要让他的眼睛接受太阳的自然光亮，让他看到花花草草的色彩以认识颜色，让他远眺山水的轮廓以认识形状，让他判断飞鸟的远近以认识距离，进而借以距离来学习大小。

幼儿的视觉一般处于发育的初级阶段，对于强光和光源的闪动比较敏感。自然的光亮是持续稳定的；而电子产品的画面是一帧一帧快速闪动的，这种高速频繁的晃动容易造成视觉的疲惫，因为眼睛需要在极短的时间内不停地接受闪动的刺激，这可能导致过度的负担。可是，出于对动画片的喜爱，幼儿是不会因为疲惫而放弃观看，他的这种忍耐却适得其反，让视力受损。孩子之所以喜欢看动画片，不仅是因为有趣，我认为，还有一部分原因是因为动画片中物体都是由简单的线条勾勒而成。实物是立体的、具有最全面的信息量，单位空间里信息密度自然最大，信息密度太大对于大脑分析是一种压力；而简单的线条呈现的二维平面减轻了大脑的负担，孩子自然不会因为思考的劳累而失去感情上的乐趣。

我们需要锻炼孩子的视觉，让他的眼睛提高接收信息的效率，那么孩子对事物的观察便会越仔细。毕竟精细的差别才是记忆的基础，这取决于信息的获取程度。如果孩子能在短时间内观察到事物的细微差别，那么他就能通过它的特征而记忆它，靠这一点点特征区别，就能识别出这种事物本身，甚至可以关联其他的信息。可以想象的是，孩子的大脑拿到了一个具有特征的"核"，通过这个核，把后面千丝万缕的联系拉扯出来，由此完成基本的塑形，还原最终的事实。比如，孩子看到一种动物，通过胡须、尖耳、圆脸、眼睛大且圆判断出这是一只猫而不是一条狗，进而在他的脑海中得到了猫的其他信息，四条腿、细长的尾巴、会发出喵喵的叫声等，即便他不曾听到眼前这只猫的叫声，他也知道这只猫将会这样叫。我曾经做过一个测试，拿着一张狗的照片给孩子看，他却说这张照片里的动物是一只猫。这是因为我还未引导他如何观察事物的特征区别不同的事物。

实践活动是观察能力发展的基础。"格物致知"，王阳明看了十九年的竹子才有了经天纬地之才；"观察、观察、再观察"，巴甫洛夫揭示了科学学习的前提条件。这里提供一种引导孩子如何观察的思路，强调的是由粗犷到精细的观察过程，毕竟细节才是事实的载体，至于精细的程度可以依情况而定。

首先，观察事物的大致轮廓，让孩子描述直接观察的第一印象。这一步大多数孩子都能做到。比如狗的基本特点包括眼睛、耳朵、四肢、尾巴等。

其次，以认识局部特征为目标。鼻子是什么样式的，鼻子上有没有胡须，有几个鼻孔，是什么颜色的，等等。

再次，以细节为研究目标。可以数数胡须多少，量一量长短如何，测一测粗细多宽。

最后，在不同事物之间，进行细节的对比。比如，把狗和猫进行比较，相同点和不同点各是什么。

如果把画画当作一种工具，那么画画是锻炼视觉很好的方法。一个球体，能让孩子感受到立体的定义，由此感受到物体的空间、层次及距离感；还可以根据光源的位置，观察光影的变化以及色调的深浅。起初，我们很容易看到的是，孩子的画作呈现出和现实物体之间的差别。对于孩子来说，模棱两可的线条，似乎就已经能够诠释他所看到的这个物体，可是我们可能仍然不知道他画的是什么。如何引导孩子逐步细微的观察，直至通过画画的行为精细的描绘实物，是一个长期的过程，这本身就是一个学习的过程，这个过程是有价值的，值得我们付出时间和精力进行引导。

孩子需要把他看到的信息通过行为的输出表现出来，不仅可以反馈他观察的细节程度，还可以达到锻炼整条神经通路的目标。画画不仅在于观察，而且还考验孩子的输出能力。输出，考验的是孩子对知识掌握的程度，是让知识再现的能力。对于线条精确性的输出，不仅依赖于大脑对手指控制的程度，还在于对手指力量的使用。

照葫芦画瓢，只是画画的第一步。不看实物，进行想象描摹，这是第二步。至于第三步，则是需要融入作画者本人的思想情感，手随心动，这不属于感官锻炼的范畴。

对于孩子的听觉，要让他的耳朵聆听昆虫的声调，黄河咆哮的声响，各种材质的音色以及鸟儿悠长的歌声。每个人都会有适合自己听觉的舒适区，孩子会自然地保护自己的听力，过于尖锐或者响亮的声音总会引起身体极大的不适，他会自觉地捂住耳朵保护自己的听觉。

听觉是语言学习的重要保障。在与孩子对话的过程中，尽力确保发音的准确和清晰，让孩子能清楚地听见并能够加以模仿和练习。最大的技巧就在于发音要慢而且拖长。我们可能会遇到这种情况，因为自己发音的不良习惯，让孩子误解成其他的词语，从而造成理解错误，这并不是智力的问题，而是信息交流错误导致的。不管是哪种语言，都会存在发音上的细微差别，这种差别虽然很少造成损失，这种损失指的是不会因为某一个发音的不准而导致语言传达理解的错误，但是谁不想自己拥有一个播音员般的嗓子呢？

声音的本质是声波，包含的信息有声调、声响、音色、音长（节奏）以及旋律。这些信息组成了唯一的声纹，这是声音的特质。虽然人的耳朵很难区别声纹，但是依然能够通过不同的声音区别不同的发声体。我们可以在孩子的耳朵接受这些信息的时候，磨炼他对这些声音的敏感度。倘若我们真能像赌神一样，能够通过听觉判断出暗盒中骰子翻动的状态，便到达了一种神乎其技的目标。虽然这种技能可能是假想的，但也反映出我们对于这种能力的向往。至少我们可以做到的是：锻炼孩子在伸手不见五指的黑夜，通过听觉，分辨声音的方向，寻找声源；通过从声音的抑扬顿挫中，感受到对方的情绪，借此来做出判断，决定要如何应对。

声音要素之间的排列组合，我视为作曲。不用把作曲看得很神秘，哪怕是几个音色不同的几种乐器，通过某一种规律组合在一起，说不定都会有意想不到的效果。同样，如作画一样，真正的作曲是需要经过专业练习的洗礼，但这并不妨碍孩子使用声音自由玩耍。当然，如果有合适的专业引导，那么是有可能把孩子代入到音乐的殿堂。在这里可以多说一句，我们听说过贝多芬在耳鸣的情况下，依然能够进行创作；我曾经也在纪录片中看到，对音乐创作拥有坚定信念的人，通过肤觉感受各种乐器的振动从而进行创作。这些人对于音乐的理解已经不局限于听力。

对于孩子的肤觉，要让他的皮肤感受四季的温度，感受烈烈寒风的锐利，感受大地土壤的柔软。十指连心，我们要保护孩子手指的柔嫩。脚踏大地，我们要锻炼孩子脚掌的厚实。适应炎热的天气并不是一件困难的事情，遗憾的是大多数人在冷风吹来的时候，会把孩子包裹得严严实实，以至于皮肤早早地失去了抵抗寒冷的本能。

触摸是必须被重视的，在不会造成永久伤害的前提下，应尽可能允许孩子触摸任何一样东西。可惜的是，我不止一次听到一些人对孩子的大声警告："不许动！不要碰！"这不仅减少了孩子锻炼肤觉的机会，更是打击了孩子的自信和勇气。与其让孩子偷偷摸摸地触摸220伏的高压，不如事先让他感受电池5伏的电击，叫他记住这种麻痛。

"皮肤饥饿"理论告诉我们，抚摸和轻吻不仅有助于建立人与人之间亲密的关系，而且还能平复孩子不安的情绪。我们不要吝啬给予孩子的轻抚，时常拍拍他的头，抱一抱他，给予他足够的安全感，让他的身心得到满足感，从而建立相互之间的信任。信任，可是教育的"钥匙"。

视觉、听觉以及肤觉，除了基本的作用，还有其独特性。工作记忆中分为三部分，中央处理器、视空间模板、语音环。由此可以看出，视觉和听觉是尤其重要的、非常重要的。肤觉和听觉是最早发育的感觉系统，它们从胚胎开始就接触到了外部世界，在妈妈肚子里时常听到爸爸妈妈的声音，会让他出生后感受到安全感。肤觉遍布全身，是被用到的频率最高的感觉通道，是一直在运行的感觉器官，肤觉的实在性，可以得到感情上的慰藉，拥抱就是一种不错的方式。

至于锻炼嗅觉、味觉、平衡和体位这几种感官的最佳方法就是顺其自然。

对于孩子的嗅觉和味觉，确有些不同，这两种感受最能使人产生幻想，诱发人的欲望。嗅觉最大的作用在于避免有毒的气味，保护自己的安全；对于味觉，饥饿永远是最美味的调料，我们越是能保持孩子味觉原始的状态，越是一件有意义的事情，一旦过度刺激，将很难再体验清淡的感觉。对于嗅觉和味觉，是否需要关注，仁者见仁智者见智。

对于孩子的平衡和体位，可以通过许多运动形式进行锻炼。如果不是专业要求，自不必刻意训练。关于体位，我们需要从更为广泛的视角考察它的重要性。体位不仅仅是对自己身体部位空间的感知，还可以进一步把自己的身体作为整体当成一台外部机器的大脑，进而把外部机器的各部件想象成自己身体的一部分，这有助于你控制这台外部机器。以驾驶赛车为例，当驾驶员驾驶一部赛车时，他应当把赛车看作自己的身体，使得自己融入进去，与赛车浑然一体，形成与赛车的整体感官：发动机变成了自己的心脏；车轮变成了自己的手脚；车的轮廓变成了自己的身体。由此感知到赛车的轮廓，知道轮胎在什么位置、是什么形态，知道车尾大概的距离，知道当前发动机的动力及状态，等等。这样在转弯或者超车时，最大限度地利用空间距离及动力实现极限的操作。

长时间在一种稳定的环境中，我们的感官会逐渐适应这种环境，而达不到刺激的效果。这是"阈值理论"决定的，它带给我们两点启示：倘若为了接受刺激锻炼感官，我们需要带着孩子游遍千山万水；倘若为了学习研究，我们需要为孩子制造适宜的安静环境。就目前来说，旅行是非常必要的，钢筋水泥固然是一种不错的体验，但千变万化的自然和各地的人文风俗更能提供新鲜的刺激。

　　在自然中锻炼，难免会磕磕碰碰造成许多伤痛：在落叶覆盖的土壤上玩耍，看不见枯叶下的石头，可能摔跤导致受伤；在树林中奔跑，反应不及时，容易被树枝刮伤。孩子每次不经意的受伤便能提高身体的一份警觉。我们并不是刻意让孩子遇到各种危险以锻炼他身体的敏捷性，只不过有些危险是无法避免的，大自然既然造就了我们，就会提供合适的环境训练我们对于危险的反应。

　　感官是智力发展的先决条件。现在的科学对大脑的研究是有一定成果的，能够从科学中看到的是，通过运动锻炼感官的实质是：增强身体的神经系统以及刺激大脑皮层一些区域的细胞增殖。这是物理性的基础物质，是很有必要的。举个反面例子，因为先天性原因导致感统失调的孩子确实存在大脑发育迟缓的现象，他们或多或少地缺失一些感官细胞，或者在神经传导方面有一些阻碍。然而，对于他们的治疗一般从小动作和轻微的接触开始。动作灵活、感觉敏锐的孩子总能表现出机灵的一面，首先看起来就会让人觉得他的头脑很聪明。

　　总结对于这一点的目标：通过锻炼达到一种身体的记忆。"要使每一种感官都各尽其用，要用这个感官获得的印象去核实另一个感官获得的印象。"比如，需要用肤觉才能确定的信息用视觉就可以进行初步判断，水银看起来是顺滑如丝、流动的，所以不用触摸，就知道它很柔软。再如，"沙沙沙，嘶嘶嘶"这种声音可能是蛇的声音，当我们还未看见蛇的时候，通过声音的辨别，身体就开始警备了。

这种身体记忆，依靠的是整体联合。一种可以预见的理想状态是：把人的身体当成一个整体放置在某一个空间中，这个空间的信息会从四面八方到达人的周身，如果能在最短的时间内，接收所有的信息量，能够使身体迅速融入环境并形成一种镇定，不会因为陌生的刺激而造成紧张，这是一种适应环境能力的体现。因为我们可能出入各种场合，这种适应能力可以让你应对各种场景，对周边的变化应付自如，展现出强大的气场。举个简单的例子，孩子到一个陌生的环境参加考试，如果他可以将自身的情况迅速调整为最舒适的状态，以达到"主场优势"，那么他也许可以取得更好的成绩。这是一种理想的状态，也许很难做到，但努力接近也是有益的。

就第二点来说，通过运动到达"内环境稳态"，不仅对于免疫力，而且对于情绪稳态，有很重要的作用。我不阐述这里面涉及到的机理，这是一门单独的学科。我只想表达这种内在的作用结果如何帮助孩子达到更为优质的生活与学习。

增强免疫力，可以减少生病的风险。如此，我们便不用担心孩子在紧张的课程安排下，隔三差五地缺课导致学业落后。

增强免疫力，在面对未知病毒的时候，不管是否能借助外部药物的帮助抵抗病毒，至少我们预先做了力所能及的事情，让孩子自己的免疫力达到最强的水平。

增强免疫力，可以提高身体强度，面对各种蚊虫叮咬具有一定的抵抗能力，这是自然生存的基本方法。

对于情绪的管理，不管是从科学角度，还是从事实出发，是可以看到运动能够促进各种激素的产生，以调节人的情绪。**情绪情感对于**

知识的学习是有如固化剂一般的作用。情感的调动往往和感官有着密切的关系。对客观事物的审美出自于感官的接受事实。不论是色彩的缤纷引起视觉的舒适，还是音乐的优美触动了人的神经让人沉醉深思，抑或者是温柔的拥抱让人温暖休憩。可以用美食让人心情舒畅，也可以用清香引人幻想。狂风暴雨、电闪雷鸣、江河横流、山火喷发、地动海啸，无一不是自然力量的展示，这种对感官的磅礴冲击，总会转换成一种令人激动的情感，在人的心中烙下深刻的记忆，左右着人们对美的认知。

至于运动对于内部器官的间接锻炼，可以这样比拟，把大脑和各种器官想象成肌肉，越是通过刺激把它们锻炼的强壮，越能避免它们功能的退化，这样诸如痴呆、失忆、抑郁等症状会渐行渐远，这是有据可依的。

前面两点可以用一个例子来说明身体机能发挥作用的生理过程：当我们预见一条蛇，首先是身体记忆起作用——向后躲避，使我们避开蛇的首次攻击；其次是这种刺激通过神经系统传递到各个器官，分泌不同的激素，这个时候最明显的表现是身体发热出汗、精神亢奋，激素使我们高度紧张、注意力集中、身体活跃，以避免后续危险。运动对于身体锻炼的重要性，由此可见一斑。

就第三点来说，孩子处于生命力增长的旺盛时期，据有关项目的研究显示，孩子恢复体力的速度甚至比专业运动员还要快。

我们很容易从人的成长形态去观察这种现象，孩子和老人是岁月变迁的两个阶段，是生命发展的两种状态，具备同样柔弱的身体。

孩子因为柔弱而动，他们需要让身体适应生存的需要。他们喜欢动来动去，在他们的生活里，休息似乎是一件很不情愿的事情。他们更希望能够一直快乐地奔跑下去，直到不知不觉地睡着。但不管他们多累，睡好觉后又能生龙活虎地奔跑起来。

　　老年人的形态和孩子却刚好相反，他们因为柔弱而静，也许安静才能符合"最小作用量"的原理。他们喜欢安安静静地待着，以此获得生理上的舒适感。对于老年人，不仅体力上的流失难以支撑他们生活中的运动量，而且骨骼支架的物理衰老也不能支持他们奔跑，甚至短时间的思考就能让他们精疲力竭。老年人不喜欢变化，一点点改动便会觉得不安，细胞的衰老和减退已不足以支持他们同化和顺应的能力。

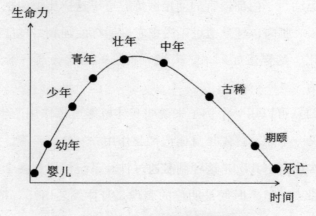

图 3-3　人的生命周期示意图

　　一个新的生命如果没有任何优势，那么他将被淘汰。大自然是公平的，它既然给了孩子柔弱的身躯，必然也会给予他足够的体力，让他有足够的时间锻造身体的机能。我们应该重视生命成长的启示，珍惜孩子体力充沛的契机。孩子的体力在完成基本活动之后都是有"盈余"的，这种"体力的盈余"是自然给予的最佳礼物：倘若没有足够的生命力，就不足以在短时间内学习赖以生存的技能，身体亦可能不够健壮，使得生命无法延续。用生命力的旺盛增加时间的效用，这是生存和进化的要求。

毋庸置疑的是，"体力的透支"是具有危害的，不仅表现在精力的匮乏无法保持对危险的警觉，还表现在物理骨骼的过度运动引起发育的问题。透支的原因在于身体能量恢复的效率无法满足能量输出量的要求，从而引起新陈代谢的不稳定，导致激素分泌的紊乱，这会进一步形成对器官物理性的伤害，这是得不偿失的。那如何判断孩子的体力透支呢？我认为孩子在表现出困乏的时候，就应该让他休息；或者他自己说累了的时候，也应该让他休息。孩子会毫不吝啬地把体力用于玩耍运动，但是当他真正感到疲惫的时候，他也是会停下来的。这种因为透支导致身体困乏的感觉会让他备感不适，这时玩耍带来的痛苦远大于愉悦。所以在运动量方面，如果有科学的运动方法固然是很好的；如果我们没有主意，那么顺其自然也是可以的。一般性的建议是，对于尚处在发育期的儿童来说，一次运动的时间最好不要超过一个小时，间隔休息十几分钟，一天运动量不宜过大，以孩子不感到疲劳为限。

睡眠成了恢复体力的最佳办法，睡眠对于孩子来说至关重要。很难想象会有人为了让孩子抓紧时间学习而不让他睡觉。我尚未见过不用睡觉的人或者动物，睡眠是自然的生命规则。孩子的睡眠质量尤其高效，如果他累了，倒头就能睡着；如果他醒了，即刻就变得生龙活虎。

保证孩子充足的睡眠时间，让他快速恢复体力；每天持之以恒地运动，让他每日增长体力。如此循环，使他获得一个健壮的身体与充沛的精力。孩子的精力来自于体力的支撑，倘若我们不注重孩子体力的增强，那么孩子只能适应于某种强度的学习。我们若是强迫孩子处于高强度的学习，每时每刻让孩子不间断地学习各种知识，结果就是看到孩子相当疲惫的神情。长期如此，难免损害其身体机能。**希望孩子抓紧时间学习知识，却又不给他准备学习的条件，这是教育妄想症。**我相信所有人都希望见到一个生龙活虎的孩子，而不是看上去精神萎靡、衰弱无力的样子。

我们应抓住孩子身体快速成长的契机，帮助他夯实体质，但这并不是说放弃他的智力，反而"教育的最大秘诀是，使身体锻炼和思想锻炼互相调剂"。画画需要腕力，弹琴需要指力，木工需要力气。**身体锻炼是前提，拥有力量，才能适配一些知识的学习与实践。**通过动手，在改造客观事物的基础上感受变化，从而影响认知。从这一点上来说，我很认同实践出真知，动手和动脑是相辅相成的。

说到孩子的智力发育，根据对大脑的科学研究表明，在幼儿阶段只需要给予足够的刺激即可。

初期，幼儿在抽象逻辑方面还不足以支撑很多类型知识的学习，不仅大脑的物质条件达不到，幼儿的经验和心智也还未准备齐全。所以，大可不必给孩子灌输过多的知识。贸然让孩子学习那些难以理解的知识，也不过是肤浅的记忆罢了。这可能徒增孩子的疑惑和不解，如果解释不清，还容易造成知识的混乱。幼儿初期可以使用二八原则，八成的时间应该用运动来锻炼身体，二成时间用做固定的学习活动。其实，我们也不必有所顾虑，毕竟户外的运动锻炼也是一种学习途径。

后期，是知识学习的爆发期，以当前教育模型来看，应该在初中乃至高中阶段。科目的增加、知识密度的增加、课堂时间的增加、课后练习的增加，这些客观的事实使得孩子不再有大量的运动时间。这可能导致两方面的影响：一是没有时间支持运动，孩子的体力数量可能就停留在某一个阶段不再增长；二是如果体力的数量是一定的，以前可能只需要少许体力来支持短时间注意力的集中、接收信息并思考理解，但当处于"知识爆发期"的时候，随着课堂上信息的密度增加，使得孩子需要大量体力来支持长时间的学习。如果孩子没有足够的体力支持，他将容易产生疲劳，由此导致注意力涣散，这是不利于学习的。他可能就因为这一次注意力的涣散，使得这部分课堂知识空缺，以至于越来越听不懂后续的连贯内容，从而失去兴趣，丢掉了这个珍贵的学习动力。时间是一定的，孩子把握住了优质的学习时间，必然会提高学习效率，很好地记忆并理解相关知识。哪怕当时并未好好理解，但事后的有针对地练习依然可以有助于对知识的掌握，增强自己的自信心。随后，带着这种对基础知识的掌握进而学习更多的进阶知识。如此良性循环，才是我们和孩子喜闻乐见的结果。

　　总结对于这一点的目标：孩子应该为"知识爆发期"储备足够的学习体力。

运动的理念

　　运动也应尊重科学的研究。运动有很多类别，那些目前不适合孩子的项目，不要让孩子尝试。比如，孩子不适合力量锻炼、不适合负重跑步、不适合训练长时间憋气，等等。

　　我们要锻炼孩子手指的精细动作，首先应该通过运动，锻炼他手指的抓力，那么可以选择攀登。可以预见的是，通过攀登，锻炼孩子手指的肌肉力量和耐力，那么在我们要求他练字或者弹钢琴的时候，至少不会是因为手指疲惫的原因而导致放弃。

"爸爸，我写字的手腕酸了，我不想写了。"

"妈妈，我弹琴的手指累了，找不对音了。"

有时候问题的原因并不是由于孩子的学习能力达不到，而是身体的条件跟不上思维的反应。我们往往因此错怪孩子没有毅力，然而却从未考虑通过其他途径帮助他事先建立基础的物质条件。

我们要锻炼孩子身体的平衡和体位，那么可以选择滑冰或者舞蹈。可以期待的是，通过这些运动锻炼这些能力，帮助他建设身体的条件，在未来能够达到从事更多职业的要求。

"爸爸，我想当飞行员。"

"好呀，首先你要适应旋转，不怕眩晕。"

有时候我们无意识的引导，也许能帮助孩子拓宽更多的可能。

我们要锻炼孩子的交际协作能力，那么可以选择团队运动。可以看到的是，通过对抗或者合作，孩子的气质发生了变化，变得更加自信和担当。

"爸爸，我想让身体变得更强壮。"

"嗯，你应该要像个男人一样战斗。"

有时候我们有意识的鼓励，能够培养孩子的责任感。

从运动的专业性和目标界限来说，上限以极限运动、军人军训、职业体育武术等为例；下限至少要达到自由玩耍的要求。对于孩子身体的锻炼，并不是以突破人类身体的极限为目标，而是希望他能达到一个足够支撑他学习精力的层次。所以，我们可以依据上下限的界限，分阶段分层次逐步提高锻炼难度。一般来说，运动分为四个阶段：热身、持续、进阶、专业。

热身，使身体活络起来，适应基础的运动量。如果长时间不锻炼的人时常会有这样一种感受，突然跑了一段距离，会明显感到身体的疲惫和酸痛，甚至导致第二天全身乏力，精神不振。所以，初期一段时间，适量轻微的运动，是比较适合热身阶段，先让身体适应起来。

持续，身体一旦动起来，那么就要坚持。坚持的作用在于，使得身体适应于一定的运动量，在这个阶段保持量的累积，偶尔适当地超出一些这个阶段的极限。

进阶，当身体积累到一定程度时，会有一种爆发的冲动，有一种想使力的期待，会觉得精神力量的饱满，此时便到了产生质变的时候。突破运动量，达到更高阶段，增强心肺功能。但是，每个人的身体都有其特殊性，所以每个人的身体都有自己的极限，切不可执意为提升体能而损坏身体的机能。每一次的进阶都需要强大的动机支撑，如果不是刻意追求身体的极限，自不必追求专业的训练。普通的运动，哪怕是达到了一个进阶，就足以支撑孩子日常学习生活的程度。只要孩子觉得在某个阶段神清气爽、精神饱满就可以了。

专业，这个阶段，就步入了专业性的科学训练，为了发掘人的最大潜能，所以才有了各种竞赛。至于孩子要不要进行专业的训练，就要依据实际情况而定了。

我家的小朋友最初只能坚持50米的跑步距离。我从来不强迫他跑多远，但是在某一次让他尝试跑一圈400米的距离，结果没有坚持跑完，我鼓励他："虽然没有跑完一圈，但你现在已经很厉害了"。

接着，我带他以"你抓我跑"的游戏方式一点点加长跑步距离。他并没有意识到跑步距离在加长。在50到100米的长度范围，让他停留了好几个星期，以适应这个长度。

　　然后，我直接把跑步距离增加到 200 米。我能感觉到他很轻松就完成了这个任务。于是，某一次，我和他约定挑战一次跑步一整圈 400 米的任务。果然，他顺利地完成了挑战任务。这个时候我回过头来告诉他："你看，当初你跑不了一圈 400 米，可是经过一段时间的训练，你现在成功地完成了这个挑战任务。你可以为你自己鼓掌。"

　　多样化的均衡锻炼，应该是运动的首要理念。一般建议，孩子不适合对同一种运动进行持久化的训练，即不适合过早专业化的训练。这容易导致孩子身体发育出现偏差，比如疲劳性骨折。多样化的运动不仅能保证身体锻炼的均衡，而且能保持孩子运动的兴趣，再加上一点竞赛的味道用于调节气氛，这样会使得孩子的情绪高涨，能够更好地达到锻炼的目的。

　　运动的基础能力包括速度、力量、弹跳、柔韧性及体力等。运动的形式包括足球、游泳、田径等。

　　在我看来，基础的能力属于本质的能力，一旦这些能力锻炼的足够扎实，孩子可以在不同的外在运动形式之间切换自如。这些不同的运动形式往往是建立在基础运动之上的。比如，田径运动员会选择跑步以增加体力，拳击手会选择跳绳以锻炼敏捷的步伐，游泳运动员会选择锻炼哑铃以训练臂力，等等。**所以，孩子的运动目标应该聚焦于锻炼基础能力。**

　　既然基础能力是本质能力，那么不论孩子在进行什么形式的运动时，这些基础能力都会得到锻炼，同时，也会或多或少地兼顾其他能力的锻炼。所以，不必刻意为了力量而去举重、为了弹跳而去青蛙跳、为了憋气而去潜水。孩子对什么运动形式感兴趣，就由他自己选择。这种自己的选择本身就是一种坚持锻炼的动力支持。**外在的运动形式**

由于对大脑区域刺激的侧重不同，因而能产生不同的新鲜感。新鲜感也是一种内在的动力，在体力还未透支之前，这种动力对于保持运动时长是有积极作用的。所以，孩子的运动由他自由选择，自由玩耍。

当孩子对一种运动形式想练得更好的时候，便需要加入思考的能力。不同的运动外在形式，偏重于使用不同的技巧。篮球使用手，足球使用脚，橄榄球使用身体。如何做动作，才能让力度和速度达到最大的效果？如何分配体力，才能让整个长跑效率得到提高？如何和团队协作，运用战术，才能取得最后的胜利？这时，加入专业的指导和系统的学习，不仅能提高孩子对身体的操控，还能有利于他理解学习这件事。

很多体育名人最初选择的体育项目并非是最终让他们成名的项目。比如，起初打橄榄球的后来选择了打篮球；起初踢足球的最后选择了打羽毛球；跳高的选手突然发现打排球更适合自己；等等。他们的成功不仅仅是因为身体条件达到了可以切换体育项目的要求，更是基于自己对这种运动形式的深刻理解，用智慧选择了适合自己才能的发挥。**我们需要在各个方面都培养孩子思考的习惯，专业运动不是靠蛮力输出，它也需要加入思考的能力**。所以，孩子不仅在学习学科知识中要养成思考的习惯，在运动中也应该养成思考的习惯。

这才是自然教育对运动的指导理念。

第四章　记忆工程

"向他的头脑中灌输真理，只是为了保证他不在心中装填谬误。"

我们对孩子的影响时间

我有一种非常深切的感受，每过一个阶段，我们对孩子的影响时间就会减少一分。

0到2岁，孩子是完全依赖于我们，我们说向东走，他肯定不会往西跑。他如果看不见我们的存在，便会恐慌得不知所措。

2到3岁，孩子已经可以在行为上脱离我们，在他熟悉的环境范围内，走他熟悉的道路，不用我们陪着。

3到6岁，孩子的思想已经可以基本独立，他能够说出合理的逻辑来说服我们。虽然这种合理的逻辑只是从某一个角度考虑的，可能站在更全面的角度看是错误的，但我们千万别说他是错误的。相反，我觉得站在他的角度考虑这个问题，是完全正确的，是绝对值得肯定的。在孩子的知识范围内，能够合理地使用所有学过的知识，形成一种合理的逻辑，这本身就很了不起了。谁敢说，在更大的范围内，我们就一定是正确的呢？这个阶段，我们是否能尊重孩子的意见，已经在很大程度上决定了孩子以后的成长潜力。

6到12岁，是完全独立的过渡期。这个过渡期是趋向完全独立的快速发展阶段，孩子正在迅速脱离对我们的依赖，并逐渐感知社会的存在。

12岁以后，孩子处在自我概念形成的关键时期，因为多种因素的汇集与对比，我们的影响力会降低很多。孩子接触了各种关系，逐渐形成自己的团体，这种团体以一种同频的精神追求为基础。大多数孩子会对这种精神一致性产生亲近感。即便我们此时还能在多方面与孩子保持相同的话题，也会因为先天的我们与孩子的辈分关系而疏远。从本质上来说，这是源于对我们的完全信任感逐渐会被对其他关系的信任所替代。这时，主要影响他的将是社会关系，包括朋友、同学、老师甚至是陌生人等。

虽然这不是严格意义的划分和描述，我对孩子6岁之前的这种表现，是确信无疑的。6岁之后是读过许多经验之谈以及结合自己的成长经历所感。这种综合判断，我相信不会大错。不管怎样，为了孩子独立成人，我们放手是必然的选择。我们可以验证如下的例子：

3岁之前，孩子喜欢求着我们抱着而不愿意自己走路。当然，在他学习走路的时候，因为纯粹的好玩，不要我们抱着。这时候，我们要充分享受孩子给我们带来的满足感；

6岁之前，孩子基本不再需要我们抱着走路，这个时候的我们会产生一种缺失感甚至因此潸然泪下。但当我们伸出手的时候，有一个小手总是会凑上来握住你的手，这姑且算是一种过渡性补偿；

12岁之前，如果还能有牵手的机会，我觉得那会是孩子对我们的一种恩赐；

12 岁之后，我们只能落寞地放手了。

阐述上面这些内容的目的是什么呢？那就是，我认为，我们对孩子的最佳教育时间就是 6 岁以前。对孩子有一定影响力的父母，有效的教育时间可能会延长至 12 岁左右，然而这种影响力也需要在 6 岁以前被建立。这种影响力一般指父母在孩子身上建立的爱与信任。

虽然我觉得这段时间是不够用的，但也一定要采取"内紧外松"的方针。所谓"内紧"是指我们必须重视起来，六年的时间，白驹过隙，失去了就再也回不来了。抓住每一个教育的机会，这种机会是在自然教育的过程中能够明确碰到并感受到的。例如，孩子的每一个为什么，都是一次对思考的逻辑确认。所谓"外松"，在自然教育理念中，提倡的是营造自然而然的教育环境，不让孩子感到学习的压力和疲惫，不能把我们自己可能的焦虑传导给孩子，要用"漫长"的时间熏陶孩子的学习意识，更重要的是让孩子自己意识到学习是有用的。

所以，6 岁之前影响孩子的记忆，将"思考"的习惯根植于他的潜意识，就成为了这个阶段最重要的事情。

记忆的科学框架

对于记忆的科学研究成果，已经在许多著作中有了详细的概念性说明。本章主要阐述在"自然教育"的理念下，如何利用这些已知的成果，进行适当的教育，以达到最合适的结果，主要参考著作为《伍尔福克教育心理学》。我们先浏览一下以科学研究为依据的记忆框架体系，如下图所示：

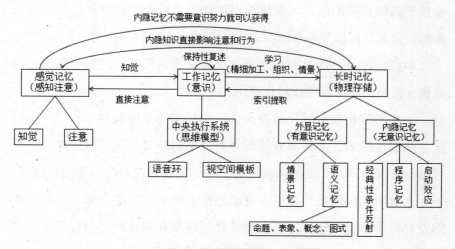

图 4-1 记忆的科学框架示意图

这张图基本囊括了与记忆有关的关键要素。本章将从"自然教育"的视角解读一下怎样利用这些要素，在孩子脑海中种下学习和思考的种子。

请始终记住一点，自然教育，是不需要具备多么专业的知识，它更多的是一种理念。在这种理念下，可以把孩子视为一个整体。想要抽丝剥茧地把各种要素的流转以及影响解释清楚，我觉得是很困难的，甚至是不太可能的事情。所以，在整体之下，我们可以把孩子当成一个黑盒来实施教育。这就是说，我们与孩子的每一次对话、每一次行为都会对孩子各方面有一个全局的影响。这种影响对于这个框架中涉及到的每个研究对象有何单独的作用，大可不必关心。

比如，按照框架中的流程，我们的愤怒，通过视觉、听觉，触发了激素的分泌，影响了情感，被工作记忆分析为恐惧的印象，经过多次反复的愤怒接触，可能就会转化成固有记忆根植在潜意识，之后只要孩子接触相同的信息，身体首先就会由于经典性条件反射形成自我防御，如此显得孩子变得胆小。

我们应该关心的是，自然教育提倡正面的影响，愤怒更多的是造成负面影响，所以不应该经常使用。

这个科学框架中列出的要素，已经是有助于理解教育的最好颗粒度。一般情况下，不需要继续拆分为更小的细节。之所以这样说，是因为很多现象暂时无法给出确定的论断，无法以绝对的科学使人信服。一个人永远无法确定的，是自身的感情影响了记忆的存储，还是环境的差异导致记忆的缺失。科学的结论应该是在某种同样的标准下，排除其他因素，单独描述某一种因素产生差异时，对结果的影响程度。但事实是，现实是瞬息万变的，这种同样的标准很难保持一致，所以才有了可知与不可知的矛盾点。

但在一个确定的界限内，如果规定了观察的边界，还是能得出一些可靠的结论，至少比没有结论更进一步。在出现更有说服力的结论前，从整体出发，如果观察到，遵从一种理论的教育，在输入后得出合适的输出结果，那么这种理论大概率是正确并且有效的。在这里，自然教育便可以当作这样一种可靠的 "黑盒式教育"，即便不知道它对人的作用细节，也能相信它的理念是合适的。

无论怎样，了解一定程度的科学研究成果，更加有助于自然教育理念的实践。这是有益无害的。

注意是学习的第一步

乌申斯基曾经说过："'注意'是我们心灵的唯一门户，意识中的一切，必然都要经过它才能进来。"

孩子带着空空的脑袋来到这个世界，他总会被某个有趣的物体所吸引，于是他就开始注意这个物体。一般来说，注意分为主动注意和被动注意。

对于主动注意来说，我们注意什么，在一定程度上取决于我们已经知道什么以及我们接下来想知道什么，所以我们可以付出努力使用意识暗示我们自己集中注意力去学习当前的事物，而忽略周围的其他事物，这也称之为注意具有选择性。

对于被动注意，从生理上来说，如果一个物体造成的刺激差异超过了一定的阈值，那么，这种刺激就会激活兴奋中心，并抑制其他相对差异较小的刺激造成的影响。接着，这种刺激就会进入到大脑工作区域，并引起我们意识的注意。随着注意时间的增长，这种刺激相对差异越来越小，变得越来越平滑，即我们的感觉越来越适应这种刺激的时候，兴奋中心趋于平静，等待新的刺激。此时，如果我们看到有趣的事情，之前被刺激激活的细胞就会被抑制，兴奋中心由一个区域转向了另一个区域，我们的注意力就改变了。但在兴奋中心切换之前，位于兴奋中心的旧的暂时神经联系（一个物体的某一面的刺激比如颜色）容易恢复，新的暂时神经（同一个物体另一面的刺激比如重量）也容易形成，因而大脑有足够的时间对事物进行清晰的反映，分析所注意的对象的意义，趁机把不同的神经通路建立相关联结，留下深刻的记忆。这也就是为什么保持兴奋中心的一致性，即注意力集中，是有利于学习的。如果大脑在未及时处理当前多个信息并建立联结之前，注意力被分散了，那么这些信息也就被抑制，随后很可能就被遗忘，故而遗憾地浪费了这次学习的机会。

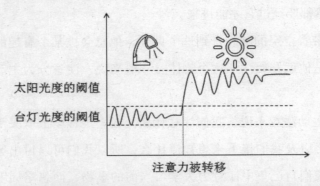

太阳光度的阈值

台灯光度的阈值

注意力被转移

图 4-2　刺激超过阈值，刺激的波动平稳。以亮度刺激作为示意图

刺激在于变化，变化引起注意。由于环境的变化带来细微的差异，和其既有的熟悉是不同的，用皮亚杰的话来说就是需要顺应；用科学理论来解释就是环境阈值发生了变化。通过这个理论，我们可以做一个简单的实验，在熟悉的家里锻炼一个小时和在一个时刻变化的环境中锻炼一个小时，你会发现，在变化的环境中会比较累。再举个例子，如果你在一个陌生的环境下睡觉，很可能出现失眠的症状，如果有一个月的适应期，那么失眠症状可能会减轻；但你在熟悉的家里睡觉，会觉得安心舒适，很快便能入睡。阈值理论可作为环境变化对人产生压力的原因。

所以，想让孩子能够集中注意力学习，那么需要具备主动的驱动力与外部环境的平稳性。据此，我们很容易制定相应的策略。在婴幼儿时期，需要全面发育他们的大脑，所以应该尽一切努力，展示不同的刺激，用新颖的、鲜艳的、强烈的（不能太强烈）、变化的、活动的、可能感兴趣的一切实体刺激婴幼儿大脑发育。陌生的环境尤其重要，它是一种立体式的全方位新鲜刺激。所以，自然教育的理念就是，带孩子出去游历，不仅是为了他能够积累自然的经验，也是用时刻变化的场景刺激他的大脑的基础发育，主动锻炼他的大脑接收信息的能力。与此相反，当孩子想要集中注意力去做成一件事的时候，最佳的环境就是他最熟悉的地方，这样有利于大脑过滤许多不必要的噪声信息，此所谓滤噪。熟悉的周边、安静的环境是孩子控制注意力的有利条件。

注意力是学习的第一步，培养好注意力，那么就等于打开了学习的大门。

一方面，让孩子从心里做好学习的准备。上策使孩子知道当前学习知识的有用性；中策给孩子讲一讲他引以为傲的人物的榜样，使他从模仿这些人物优秀的事迹中增强自己的自制力；下策从外部激励孩子做成这件事，由此提高主观的注意能力。

另一方面，做一些有趣的且复杂的任务。复杂并不等同于困难，拆解任务，设置阶段性的目标，使得完成这个目标所具备的能力能够进入到孩子的"最近发展区"。解决复杂任务，以兴趣为动力，以知识为工具，以多阶段目标为持久化锻炼过程。同时，在他完成阶段目标的时候，还能逐步增强他的自信心，提高他的积极性。孩子自然更愿意注意并投入精力和时间到这个任务中。为了让孩子能够逐步锻炼注意力的时长，这种复杂任务的难度应该由大概的解决时间设定，并实现由短时间到长时间的科学递增。

最后，环境也是注意力集中的必要条件。人在相对熟悉和稳定的环境中，不容易被其他事物所打扰。同时，我们可以尝试慢慢加入一些干扰因素，以慢慢训练孩子的抗干扰能力。**但是，切忌无缘无故、多次反复地打断孩子的注意力。不要为了训练孩子的抗干扰能力，而故意干扰孩子。**在孩子有高度的自控能力之前，如果我们把握不住干扰因素的强度，那么还是集中精力帮助孩子训练他的注意力。

有研究表明，孩子各阶段注意的参考平均时间如下：

一岁以下不超过 15 秒；

三岁左右平均时间约 5 分钟；

五岁左右就能达到 10 分钟左右；

七至十岁，20 分钟左右；

十至十二岁，30 分钟左右；

十二岁以后是 40 分钟。

所以，我们一般的课堂时间设置在 40 分钟左右。在这里，需要说明的是，这些数据是大概的统计研究数据，仅作参考。目的是要告诉读者，当孩子觉得学习累的时候，一定要让他放松放松、活动活动，劳逸结合在任何时候都是学习效率最高的方法。自然教育的理念是，初期的教育，应该以游戏和运动为主，而且更加提倡户外游戏，毕竟孩子在游戏的过程中也是一直保持专注的状态。

通过感知获取信息

当孩子对一个苹果感兴趣，并注意到这个苹果的时候。如果他从未见过苹果，他不会知道这个是什么，于是他就会问到："这是什么呀？"我们可以回答说："这个叫苹果。"其实，这只是一个非常模糊的回答。如果完全任由孩子自然成长，他是不需要知道这个叫苹果的物体我们称之为苹果，他只需要知道这个物体能吃，可能也会给这个物体一个只有他知道的标记。所有孩子需要学习的对象，都是人类一直传承下来的达成共识的知识。这些知识用来干什么呢？就是用人类的生活方式来描述这个世界。我们认识了这个物体，对它进行了定义，即赋予了它意义。现在，我们需要把这种意义传达给下一代。苹果只是一个概念，它的定义过程才是有意义的。**所以，我们不应该只停留于教孩子一个概念，应该进一步引导他认识这个概念背后的意义。**

"你看它红红的。两边形状有些圆圆的，上下又是凹进去的。"

"摸起来滑滑的，而且有点凉。不是很重。"

"吃一吃，硬硬的，味道有一点酸，又有一点甜。"

"敲一下，有些沉闷的声音。"

"没有特殊的气味。"

……

可惜的是，直到现在，我仍旧无法完全定义苹果的概念。我也不想在这里去定义苹果的概念，因为这并不妨碍我在生活中认识并指出苹果这个物体，我也拥有了足够的描述特性让其他人知道我说的是苹果。

"对于记忆的初始锻炼，他最初只知道注意他的感觉，所以先给他清楚地指出这些感觉和造成这些感觉的事物之间的联系就够了"。

"粗糙的认知"可以允许你在某一方面达到基本的用处即可，专业的事情应该由更明确的目标所决定，比如，你想成为一个苹果专家。

　　现在，继续看一看在上面的这个例子中，运用了哪些记忆框架的要素。

　　首先，孩子感觉到了这个叫苹果的物体，他被眼前这个物体的某种特质所吸引。这个特质可能是颜色，可能是形状。总之，不管孩子的第一感觉是什么，他注意到了这个物体，并开始在脑海中搜索与之关联的信息。可惜的是，他并未索引提取到对应的信息。这种未知的信息，可能带来一种不安全感，也可能带来一种好奇心。这种不同的感受可能是因人的基因不同而导致有所差异。有不安全感，会引起一些相关激素分泌的不均衡而感觉到身体不适，由此被迫发出疑问确认这种未知，然后获得安全的舒适感；出于好奇心，更是由于一种正向的勇于探索未知的兴奋感而引发的主动发出疑问的行为。我在这里特意提出一种"正向"的方式，是因为这种好奇心，是应该受到保护和鼓励的。

　　这里我想澄清一点的是，孩子既然一开始什么都不知道，那他是如何确认并注意到我们在教他知识的呢？他如何知道怎样做可以让我们给他讲知识呢？否则就如同牛头对着马嘴说话，胡拉乱扯。所以，我认为，学习的起始点是有待商榷的。学习的起始点，指的是我们与孩子在达成同步同频的一致性的源头，孩子知道我们开始教他知识，于是孩子开始注意我们并懂得我们的行为的意义，此时，我们的教育开始了。比如，一个婴儿，他可能不会说话，最初的教育可能是语言单向输入的。我仍然记得我天天在刚出生的小家伙耳边唠叨的情景，他会不断地用奇怪的方式以表达出这种可能的反馈。请注意，我是说"可能"，因为我并不确定这是他的一种反馈，也许这只是他自娱自乐的一种表现，而他并没有注意到我在和他说话。但不管怎样，我对他的持续打扰，最后形成了一种自然而然的协议。这种协议就是，他知道我在对他说话，如果他不想听了，想睡觉了，而我吵着他了，他会因为难受而以大哭的方式表达不满；但如果他还想听我说话，也许他会笑着回应，因为他知道，这样做会引起我接下来更有趣的表现，而他很期待这种有趣的行为。这也许就是一种原始的起始交流。

既然孩子无法在他的记忆中找到关于苹果的信息，就无法产生知觉。知觉是给予感觉到的具体刺激一种意义的过程。因为孩子对这种物体知觉的缺失，好奇心便由此而来。**由好奇心带来的疑问，往往引起孩子主动的思考，因而主动提取、汇集、吸收能量，由此提升大脑对这个问题的兴奋度以及专注力，从而形成聚焦效应，能量源源不断地流入这个焦点，甚至抑制了其他活动（这一点可以从他一动不动的身体和神态观察到），这使得他更加集中注意力关注到这个物体，即由意识主导的直接注意。**他此时满脑子都是想着这个物体，于是产生了提问，"这是什么呀？"

这时，便是教育的有利时机，接下来就要看我们如何解释这件物体。精细化描述是最有效最简单的方式，只要描述物体本身具有的多种特征即可。大多数人是可以做到这一点的，但往往因为没有意识到教育这件事，所以选择一声带过，"这不就是苹果嘛！"虽然这种回答并没有什么错误，但是我们可以做得更好一些。

首先，这个简单的回答是一种机械式的输入，没有探究的过程。学习永远是一种过程，教会孩子一些基本的分析方法，使他脑海中有这种判断意识，是一件有意义的事情。这个分析方法就是定义的过程。我们在描述物体的多样性特征的过程中，也让他知道了这样一种学习的方法。

接着，这个简单的回答只有单一的信息。单一信息的物体一般很快就会被遗忘。如果偶然被记忆了，由于只有一种特征，也会使得这种信息很难在海量的记忆中被搜索出来。所以，描述的信息越多，越容易与可能的关联信息形成联系，最后构造出一片记忆实体，这片记忆实体可以通过多个通道触达。也许孩子此时会突然蹦出一句话，"哦，爸爸，梨子是黄色的。"如果孩子已经有了关于梨子的一些认知，他可能通过眼前的苹果的颜色联想到梨子的颜色。对于这种表现，很多人可能认为是再正常不过的现象，但却让我备感惊讶，孩子具有自主关联的冲动。所以，你永远不知道什么样的信息可以触发这种自主关联性。在这里，我要强调的是，面对孩子这种自主关联的表现，要紧接着给予肯定的赞扬，"真棒，你居然看到了它和梨子的区别。"**这是学习的初步目标，如果我们能够尽可能地描述物体，那么就提高了触发这种学习的概率，这是一种非常有用、非常有意义、非常有效果的教育方法。这是一件令人激动的事情。**这里可以提一下的是，学习的中级目标，是一种理解性的过程，围绕这个物体，由多种信息组成，形成完整的整体；学习的高级目标，是一种自动化的压缩过程，这个压缩关联的过程，关系到记忆存储空间的容量。

最后，这个简单的回答如果是带有一种轻蔑的语气，或者表露出一种不太友善的感情，那么很容易造成孩子不敢继续追问的结果。轻蔑的语气往往来自于成人自动化的思维，在他们看来，这些问题简直是一种幼稚的问题，谁说不是呢？**这本来就是幼稚的孩子提出的疑问，当然是幼稚的问题！**然而，我们应该关心的不是问题是否幼稚，而是在这种机会下如何教育孩子。直接回答问题并没有错，但具备自然教育理念的我们，会站在孩子的角度考虑这个问题。对于孩子来说，这个问题并不幼稚，这是他的求知欲带来的行为，他确实不知道，对于不知道的事情，并没有幼稚与不幼稚的划分。所以，**孩子的问题都应该认真对待**。再者，就算站在成人的角度，我依旧觉得这是个很难回答的问题，原因在于如何界定"苹果"这个物体，就像很多新闻中看到的"苹果蕉"，那么它是苹果吗？不要用一种坐井观天的视角去解释你面前的物体。我之所以这样说，是因为我希望用这种语气让一些人知道，没有一种知识是简单的，没有一个问题是幼稚的。我们应该认真对待孩子的疑问，毕竟以他纯真的心态来说，他确实是不知道，而不是想用问题作弄你。这种认真对待孩子问题的态度，不仅能言传身教熏陶孩子严谨的求学态度，还会慢慢地让你发现一条合适的给孩子讲授知识的方法。

当我们给出这个物体叫"苹果"的概念后，可以更进一步帮助孩子描述这个概念背后的意义以及组成这个意义的相关信息所产生的过程。

在上一章中，已经重点强调对各种感觉器官的锻炼，在这里便有了用武之地。面对"苹果"这个物体，我们应该从多方面引导孩子进行感知，于是出现了多个维度的描述信息，视觉、肤觉、味觉、听觉及嗅觉。每一种感觉所传达的信息，都应该经过工作记忆的计算，形成一种相对的理解，这种相对性在没有量化之前，应该多次尝试实践来修正经验。比如，物体的重量，在孩子初始的时候，是不知道重量单位的，所以需要比对多种物体之间的重量。这个苹果是重的，那这个西瓜比它重，还是轻呢？我们在选择物体的时候，需要考虑同一种性质中跨度比较大的对象，这种对比的差异较为明显，更容易形成主观感受。

颜色、软硬、轻重、形状等都是客观的要素，一般来说不会有主观的差异性，而且这些要素都可以作为"原子性"的描述。在这里，我们默认孩子已经具备了这些"原子性"知识的储备，如果没有这些知识储备，那应该先从这些"原子性"的基础知识开始学习。所谓原子性，是指不用再分割的最小描述单位。犹如我们在化学领域中制定的标准：分子是保持物质化学性质的最小粒子；原子是化学变化中的最小粒子。这些原子性的描述，通常是直接记忆的。

至于酸甜、臭味及香味，是带有主观色彩的，你永远无法知道一个酸苹果的一小块在孩子嘴里出现了甜味，是怎样一种体验。此时，如果你跟他说，这是酸味，那么就属于定义错误。一个具有臭味的食物，也许很多人觉得很香甜，对于不喜欢榴莲味道的人来说，他是无法忍受榴莲的气味的。当然，这种主观感觉差异很大的概率一般比较小，就好比因为基因的差异导致红色看成绿色，这些都是不可控的因素，但是我们应该还是按照正常的事实进行解释。

诚然，红色这种知识，还可以通过光谱的原理进行解释。然而，对于光谱的划分由电磁波的波长决定这种知识已经是无法触摸的、无法展示的，对大多数人来说可能都是很难接受的，更不用说解释给孩子听，这只能徒增孩子模糊的概念。这种模糊的概念也只能是一闪而过，并不会留下太多信息，反而有可能使孩子思维发散，被其他更吸引人的信息转移注意力。比如孩子会问到，"为什么是红色？"这违背了应当集中注意力讲授当前知识的原则，我们更应该给孩子解释当前的物体即苹果。所以此时，应该立即把孩子的思路拉回到可以看得到的知识上面：

"为什么是红色这种问题，等你以后学习了更多的知识再去思考。

对于现在的你，那些知识还没有什么'作用'！所以，你可以暂时不用去学习光谱这类知识，只需要关注你当前看到的这个苹果是红色的，你知道吗？还有绿色的苹果。"

这是一种自然教育理念的解释方式，重点在于强调"有用"二字。

当然，我们可以选择其他的引导方式，如果父母不知道如何解释孩子问到的知识，那么请坦率告知，"为什么是红色，爸爸也不知道，但我们可以一起去学习。"

不管选择什么方式，糊弄和欺骗，是绝对禁止的。

重要的记忆方法及工具

我们应当引导孩子完成相关信息的收集。这里对于苹果的相关信息，是指通过感觉器官得到的"红色、酸甜、气味、沉闷、重量"等特征。需要说明的是，这里只是举例，而在真实情况下，我们在任何时候都应该根据事实和自己知道的知识进行描述，以此引导孩子学习。在收集这些信息之后，就需要开始帮助孩子在记忆中处理这些信息。这里的目标就是，把这些处理过的信息存入到长时记忆中，以成为长期稳定的知识。具体的做法就是通过一些原理性方式进行知识的理解。这些原理包括：精细加工、组织、情景要素等。同时，我们必须使用两种重要的工具：语音和视觉。

对于精细加工，实际上我们之前已经提到关于解决信息单一性的问题，就是在解释精细加工的含义。围绕一个对象，分析这个对象的一些特质。如果这种特质是已存在的知识，那么我们很快就能理解，并关联到已有的信息。如果这种特质是不存在的知识，我们可以就这个知识进行一定的解释。这里，关于解释到什么程度，我在第一部著作中已经做了详细的阐述。这里给出解释的两个边界条件：

一是知识的深度思维。不应该执着于"打破砂锅问到底"，当知识的经验超出一般的用处，就应该停止继续探究，当前的知识层面已经够用就可以了。苹果是红色的，红色是光谱中的一种颜色，不同颜色是由电磁波的长短决定的，电磁波是由电场和磁场产生的，电场和磁场是什么？……对后面知识的了解暂时对于日常生活已经没有什么作用了，这应该是科学家的工作。自然教育理念中的"有用性"强调的是对于孩子当前的用处。

二是知识的广度思维。不要扩展得太远，否则会转移当前的学习中心，不自觉地忘记了当初学习的对象，这是得不偿失的。当我们明显感觉到这个知识已经很难描述当前知识的特征的时候，就应该停止。苹果是红色的，西红柿是红色的，红宝石是红色的，我们国家的国旗是红色的，那其他国家的国旗是什么颜色呢？这个时候我们应关注当前的苹果，而不是其他国家的国旗。

这两个边界条件因人而异，需要在长期实践过程中找出一个适当的程度。

我时常认为，精细加工，就好比对一件艺术品进行打磨，需要用时间和精力在物体上对细节进行确认，认识得越细致，那么记忆就越深刻。用时间慢慢挖掘细节，有句成语叫格物致知，指的就是通过观察细节达到理解知识的目的。这需要考验我们的耐心和孩子的恒心。对于大多数孩子来说，我们应该正视一件事情，与其让孩子每天花大量时间穿梭于不同的知识课堂，犹如走马观花式的学习，不如把这些时间用心学好"1+1=2"这个知识。这可是一颗原子核般的存在，有了它作为联结的基础，才可能构建出一颗有用的原子。在学习中理解这个知识，在生活中使用这个知识，学以致用，这是精细化的最佳方式。我们通常说实践出真知，是因为只有事实才具备完整的信息，因为它是实际发生的现象，它本身就是我们要学习的对象，事实是最完美的表现，我们也只能通过观察事实才可能达到至臻的目标。

　　我们使用了精细化的方法，尽可能多地获取了许多细节信息，而谈到细节，让我想到一个故事。这个故事说的是一位首长在评估一场大型混乱的战场，按照他一贯的要求，所属各级部队必须上报当日的战况和缴获情况，当看到一份上报数据时，在其他人都没有意见的情况下，这位首长却问了三个问题，为什么那里缴获的短枪与长枪的比例比其他战斗高？为什么那里缴获和击毁的小车与大车的比例比其他战斗高？为什么在那里俘虏和击毙的军官与士兵的比例比其他战斗高？由此得出敌方指挥部所在位置，并成功俘获对方司令。据说这是这位首长在每次战斗后对各种数据进行复盘，不遗漏任何小的细节，长期养成这种习惯的结果。

　　复盘和复述有着异曲同工之妙。**提高一件事情在脑海中出现的频率，思考着用不同的信息去碰撞，在不同的时刻，也许就能发现不同之处。**

　　复盘，强调的是在未来某一时刻重新学习，犹如反刍动物通过将半消化的食物反刍后再次咀嚼，以此吸收食物的每一分汁水，每一份营养，这是对物质的极致利用。"学而时习之，不亦说乎！"我们应该经常把旧有的知识拿出来重新学一学，借机与新的经验碰撞，寻找新的火花。**更新的眼界、更开阔的视角、更有智慧的思考以及更有勇气**

的行动，会让知识变得更为清晰，无论如何，我们都应当披荆斩棘、乘风破浪，坚持行走在追求真理的道路上。

复述，强调的是在当前时刻保持信息的即时存在，并能适当地把信息转化为语音形式存入语音环内，以维持知识留存在工作记忆中。复述大致分为保持复述和精细复述。

"苹果是红色""红色""红色""红色"，"那有没有其他颜色呢？""把苹果转了半圈，好像这边还有点绿色夹杂在其中"。保持性复述帮助我们把注意力集中在一个特征上。

"苹果是红色""西红柿也是红色"；"苹果是圆圆的""西红柿也是圆圆的"；"苹果是酸酸甜甜的""西红柿也是酸酸甜甜的"……"那苹果和西红柿的区别在哪里呢？""捏一捏，西红柿好像是软的，而苹果是硬硬的"。对比性复述帮助我们区别和已有知识的不同，这是精细复述的一种形式。

"苹果是红色的""苹果还是圆圆的""苹果还有点甜甜的"，并列式复述帮助我们有效组织物体的各项特征，这是精细复述的另一种形式。

这些即时性的复述形式就是最佳的认知方法，有利于我们理解这些在工作记忆中临时存放的信息。我们得到了这些信息，但是只是暂时的，而且是无序的。

为了高效存储这些信息，接下来就需要抓紧时间对这些暂时的无序的信息进行合适的组织。组织是一种数据结构的思维，按照一定的规则把信息组织成一种有序的形式，这种规则可以抽象成一种模式。因为这种模式是抽象出来的，便会具备一定的通用性。既然具备通用性，就可以应用在多种场景。通过不断地对这种模式加以练习和使用，就会形成一种图式牢固地存储在我们的脑海之中。图式是一种有效的存储方式，在后面的长时记忆中我们会进行阐述。因为这种模式，可以把相关知识组织成一个整体的定义，是一种可以使用一个记忆单位就能处理的形态，它很容易被抽取并应用到当前的知识组织中，就像给一堆沙子盖上一个磨具，沙子会自然组织成我们想要的形态，散乱无序的沙子就有了整体的意义。在前面的例子中，我就很自然地使用了一种常见的模式，通过五种感觉器官去分析组织苹果的特征，即通过视觉、听觉、味觉、肤觉和嗅觉。这种模式已经成为一种自动化的方法被我熟练使用。通过这种模式，用这种整体形式把已有的多个原子性的不相关的知识关联起来，我们便赋予了苹果这个概念以相关的意义。

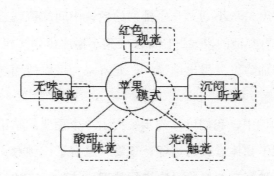

图4-3 知识的组织示意图

有序规则的组织不仅有利于保存，而且有利于索引。你很难从一个乱序的数字序列中快速地找到中位数，但是一旦数字被排序成规则队列，你就能很快找到这个数字，如下图所示：

```
4 , 6 , 7 , 1 , 3 , 2 , 5
    乱序的数字队列
```

```
1 , 2 , 3 , 4 , 5 , 6 , 7
    有序的数字队列
```

图 4-4　数字的排列示意图

　　在混乱的数字队列中，我们很难观察到这些数字有什么关联，它们都是一个个孤立地存在，我们能把它们写出来，也只不过是因为这些都是数字。我们在索引中位数的过程中，使用了简单的排序模式，这种模式可以高效率地计算出我们所需要的信息。在上面的例子中，我的思考模式就是从小到大升序排列的数，中间的数就是我们要找的答案。当然还有其他的模式，比如从大到小逆序排列，找出中间的数；又比如首尾相加除以二得出结果。如此看来，可以使用多种模式用来解决同一个问题。

　　从这些示例中，我们可以初步窥探出一个重要的结论：**对信息的组织，就是赋予物体意义的过程，事物一旦有了一种意义，那么我们就可以应用一种既有的经验对它进行处理，这种既有的经验就是一种模式。**这种模式或者没有存在，可以由自己思考发现；或者已经是其他人发现并教会给我们的。所以，我们既可以直接教孩子这种模式，也可以引导他去发现这种模式，关键在于让他知道组织的重要作用，使他学会组织一个对象，并在这个组织好的基础上，思考发现一种模式去作用于这种对象，使得对象出现预期的效果，通过这种方式最终完成自己学习的过程。

任何事物在构建过程中，都是通过组织的方式形成一个整体，原子核和电子组成原子，原子组成分子，分子组成物质，于是物质被人类看到及使用。反过来，我们也可以通过分析物质的结构，力求得出事物的客观规则，并把这种规则应用到更为广泛的事物。我们可以把对这种构建过程的思考方式叫结构化思维；也可以叫归纳演绎的思维。

这些动态的思考过程都是发生在我们的工作记忆中的。有些科学家认为我们的工作记忆其实就是意识。在没有新的科学研究结论证明意识的存在之前，我是认可这种观念的。大脑所有有意识的操作命令，都是由工作记忆中的中央执行系统发出的。一般来说，在空间和时间上，工作记忆系统处理信息的数量大约为七个单位左右，处理信息的有效时间大概是二十秒左右，这是一个平均的统计数据，因人而异的。我们无须关心精确的数据，只要知道**大脑处理数据本身的资源是有所限制的，所以，需要工具帮助我们高效地完成对信息的处理和保存**。

从科学角度来说，这种工具包括了语音环和视空间模板。这两个工具，在前面的章节中已经有所提及，在我们复述信息的时候，通常是利用语音把信息寄存在语音环中，不停地刷新信息的停留时间，保持信息的新鲜；而视空间模板主要处理事物的表象，即空间立体图像。一般来说，对于用点线面表示的物体，空间立体结构包含的信息比线性和二维平面的信息要多出许多，这对大脑来说是一种沉重的负荷。当我们分析一个物体立体结构的时候，我们需要不停地索引信息，构建图像，然后对图像进行处理。有很多例子显示，孩子的空间思维能力不足以在大脑中完成多次多种高难度的翻转想象，甚至许多成年人也未必能够完成这种操作。基于这种事实，最好的办法就是让孩子看着实体进行观察，通过视觉传入的信息，直接在视空间模板中形成物体表象，省去他的意识在大脑中索引信息还原表象的工作，如此，学习的效率是最高的。所以，自然教育的理念就是，对着实物进行学习。既然科学知识来源于自然，那么学习这些知识的最佳方法就是在自然中教学。**实物不仅能提供最清晰的信息，还能帮助你在大脑中构造动态的信息流，节省大脑的工作资源，使你能够集中精力分析物体的特征。**

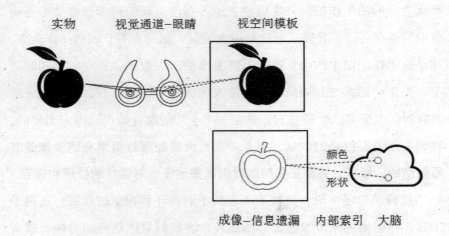

图 4-5　视空间模板示意图

可以看到的是，"声音环"和"视觉空间"是记忆的重要工具，**这就决定了声音讲解与图像展示成为了最有效率且最节省能耗的方式。**当语音和图像信息进入记忆的时候，是由这两个功能模块承载相关信息。对既有记忆进行索引的时候，也应该由这两部分信息作为关键字，在大脑中进行索引。以语音和图像的方式维持信息，省去了大脑构造这个图形本身需要的时间和精力消耗，使大脑的精力专注于对知识背后的关联性理解。在有条件的情况下，任何时候都要结合这两种工具实施教育。所以，教学必须利用板书展示图形，并且同时用语音进行阐述，两者结合后使得教学效果最佳。

有了语言的交流和实物的参照的辅助，就能够有效地利用工作记忆的处理单元分析实物的其他特征。在使用有限的处理单元的时候，运用技巧性的方法组织信息就成了记忆的有力武器。我们的实践准则是，尽量把分散的隔离单元整合成一个有意义的整体，达到仅需要一个处理单元进行工作的目标。

图 4-6　一种常见的记忆技巧示意图

我们会发现所有的所谓的记忆技巧和学习方法，不管是思维导图、还是费曼学习法，或者是西蒙学习法以及其他各种阅读方法等，都绕不开这几个原理。**思维导图强调的是知识的组织，费曼学习法强调的是复盘，西蒙学习法强调的是知识的精细化加工。**这里只是强调这些方法应用的主要原理。一种方法或多或少包含了一个或几个原理，这都不重要，重要的是要把这些原理应用于无形，在不断的"输入输出"中，完成对信息的思考与理解。

所以，熟练掌握这几种原理，在教育孩子的过程中，使用它们。即便你不懂什么学习方法，当然你也不用记忆那些学习方法，你也可以自己创造出适合于孩子的学习方法。不管是我们，还是老师，或者

是学生自己，只要根据学习者本身的特质，结合这些原理，就能创造出适合于特定学习者的最佳学习方法。

有些孩子听力强，那么就使用复述的原理，使用大声阅读、自言自语以及交流等方式，强化知识在工作记忆中的时长，以尽可能延长寻找联结知识的时间；同时，用复述的方式把知识压入语音环完成知识的压缩，以允许更多的资源处理其他的信息。

有些孩子观察力强，那么就可以使用画画、图形、实物对照等方式，通过视觉输入到视空间模板帮助大脑完成知识的分析。

对于学习方法的选择，假如我们没有很好的选择，那么前面提到的学习方法依然是当前受到广泛好评和实践过的策略。理解前面的这些理念，就是从本质上理解这些学习方法的作用原理，这可以更好地帮助我们使用这些学习方法进行教育。

思考的习惯——元认知

理解是最好的记忆，思考是最好的学习。在我看来，思考是意识的一种运动形式。这里所说的运动形式，是指它是一种主动的动态过程，这个过程反映出我们对知识的处理能力。对知识的处理，用专业术语来说，就是元认知。这里的知识是指陈述性知识、程序性知识以及条件性知识。如此，思考就是元认知，用一句话概况解释就是：我们认识了一些规则，在不同的条件下，使用了不同的规则，解决了一些问题。

举个例子，就拿"捕鱼"这件事来说。我们需要认识一些鱼类，不同的鱼有不同的特性，有些鱼喜欢独处，有些鱼喜欢群居。对于独处的鱼来说，如果我们使用大网去捕捉，由于目标太少，我们很难有所收获，所以我们会选择用饵料做陷阱捕捉。对于群居的鱼来说，由于目标范围很大，我们可以撒网成片捕捉。在这里，认识鱼的特性就是陈述性知识；做陷阱或者撒网的过程技能，都是程序性知识；那对不同的特性使用不同的程序性知识，就是条件性知识。于是，我们可以这样简单理解：陈述性知识是静态的，程序性知识是动态的，条件性知识是适配性选择。

思考是孩子的核心能力，我们需要找出一个能够锻炼这种能力的方法，以此培养孩子思考的习惯。

这个方法就是直接教他一些思维方法，以及引导他通过使用这些方法形成分析和解决问题的能力。

关于孩子的问题

首先，思考是主动性的，这种主动性体现在如果我们不主动去想，那么就不存在思考。主动意味着做这件事必须要有"动力"，显而易见的是，孩子并不缺乏思考的原始动力，因为孩子的思考总是从"问题"开始，这些问题往往来源于孩子的好奇心，我相信很多孩子都喜欢问各种各样的问题。

问题一，"妈妈，为什么苹果会掉下来？"这个是陈述性知识举例。

问题二，"爸爸，这个积木怎么拼，我不会，怎么办？"这个是程序性知识举例。

问题三，"当红灯的时候，我为什么要停下来？当绿灯的时候，我为什么可以过马路？"这个是条件性知识举例。

可惜的是，很多时候我们并没有很好地保护孩子的这种原动力。或者是因为我们没有足够耐心应对孩子穷追不舍的提问；或者是因为我们也不知道答案，觉得尴尬，便语气不佳地回绝孩子。我们想尽办法阻止孩子问为什么，压制了孩子求知的欲望，只为了自己一时的轻松，无意之中，就已经损害了孩子思考的能力。

当孩子提出问题的时候，就是教育孩子的时机来了。我们应该一贯地保持一种观念即"问题就是一个机会"。如果我们不愿意教育孩子，就不会阅读本书，更不用谈如何把握这种机会了。对于"问题就是机会"这种理念，即便是当我们自己碰到问题的时候，也应如此看待，这种观念一开始就会有利于我们积极地面对问题，有了一个良好的心态作为解决问题的开始，那么就抓住了先机。

我们拥有了孩子提问的原始动力，接下来就应该小心翼翼地保护它。比如，对于"树叶为什么能漂在水面上"这个问题，可以有如下两种参考意见：

如果孩子不具备基础性的知识，那就用孩子能够听懂的语言，教他一些能够理解的语义知识。"现在我们来试一试，你看你的小手是不是有力气，然后你的小手可以把树叶托起来。水跟你的小手一样，它也是有力量的，所以可以托起树叶。"边说还可以边做给他看。

如果孩子已经有了一些基础知识，那就尽量围绕这个知识进行充分的展示，展示不同的应用。"你的小手拥有的力量叫力气，水的力量叫浮力。我们还可以看看力气的大小，这块石头你的小手搬不动，可能在水上也漂不起来，我们可以试试看。"说着，就把石头扔到水里。

　　孩子的问题看起来有难易之分，但其实孩子提的问题是基于自己已有的经验，孩子的经验又能有多少呢！他只不过是一个还未见过世面的孩子，如果孩子问到了相对论的问题，那么我也只能告诉他，"这个问题我不知道。"所以，孩子并不能提出多少困难的问题，我们首先就不用害怕他提问题。如果孩子不知道鸟儿在空中飞的意思，他也就无法提出飞机为什么能在天上飞的问题。在教育的初始阶段，我们不必担心孩子的问题有多难，更不必害怕回答不了孩子的问题，**初始教育便具备了可行性**。

　　孩子最初的问题往往是对直观现象的好奇。如果是复杂问题，一般来说，这种直观现象可能是多个知识点组合所产生的功能，我们也许不能把这个知识解释得很完美，但至少能解释得有所关联。倘若不知道如何解释，那也必须坦诚相告。初始教育是最直接的，一般都以陈述性知识为主。如本章开头所说，我们要趁机种下一颗"真理"的种子。要学数学，那么就要先认识数字，当学会了数字和数字的增加后，才可以教他 1+1 的含义；要学英语，那么就要先认识字母，再认识字母组成的单词；要学语文，那么就要先听爸爸妈妈说话，然后再去和爸爸妈妈交流。

关于引导孩子分析问题

　　如何回答问题也是基于孩子掌握多少知识而言的。**重要的是让孩子听懂你所说的话，这是教育的第一步**。理解，总是一件让人愉悦的事情。从机理上来说，它能够破除知识不平衡带来的未知与不安的感觉。对于简单的问题，一般是指能使用陈述性知识直接回答的，而且还能举一反三演示给孩子观看。对于复杂的问题，一种可行的办法就是抽丝剥茧，自上而下分解问题直到能触达到孩子的已知知识，使他能理解每个分解后的问题。这些措施都有利于帮助孩子建立他的自信心，使他得到良好的自我效能感，这些将是他源源不断的内部动力的源泉之一。

"曹冲称象"的故事是大家耳熟能详的，这是一个比较复杂的问题。当然，我们是基于已知的答案去做分析，即便是这样，我们也可以把这个过程作为复盘，能够分析出的细节点更是因人而异，因为这个案例中包含的信息触达到每个人的知识点是不同的。

不要在意说，分析已知的案例并不是一件光彩的事情，总认为这样做只不过是事后诸葛亮。案例虽然是依据当时的条件，解决当时的现实问题，即便它的解决办法可能已经过时，但是这个办法的创造过程是有参考价值的。事实上，很多商学院都是通过分析经典的案例进行学习的。分析案例达到总结出一种可行的实施方案，更重要的是，通过这些案例，**让孩子在其中感受理解信息互相产生关系的过程**。如果能做到身临其境，甚至可以进入一种冥想的代入感，真正营造出一种虚拟现实，进行最直观高效的学习。所以，很多案例选择采用沙盘演练，尽量营造出一种现场感。孩子可以想象着如果换成他自己会怎样思考这个问题，自己的角度与案例中的当事人角度又有不同，如此在差异中进行学习。总之，学习已有的案例将所获颇多。不管用何种方法辅助学习，目的就是学习总结的过程。

我们将要碰到的问题是层出不穷的，即便是同一种问题，面对不同的人，也会看起来是那么的不一样，"家家都有本难念的经"就是这个道理。学习已知的案例，就像是数学老师教你基础的加法一般，它只是一种陈述性知识的展示，关键是你如何使用这种陈述性知识。如何使用这种陈述性知识，是对程序性知识和条件性知识的学习，这些案例就是这个学习目标的具象化。分析案例的优点，就是有足够的思考时间为孩子设置合适的节点，以合适的节点引导孩子感受思考解决问题的过程。

对于"曹冲称象"这个具体问题，以古时候的人掌握的知识为条件，我选择分析的对象就是这个问题的关键，即"重量"。重量有大有小，怎样才能表征物体重量的大小呢？以古人的经验来说，借用力量去搬运物体，可以等同于表征物体重量的大小，而古时候搬运的方式有船或者马车，这就是不同形式对于物体重量不同的表达方式。船夫会考虑一艘船大概能承载多重的货物，才能保证船不沉；而马夫会考虑这么重的货物需要多少匹马才能完成搬运。如果我选择用马车去拉，可行的方法是：

- 请马夫去拉一头大象，以马夫的经验，肯定会考虑用多少匹强壮的马去拉相同重量的货物，才能不亏本。

- 于是，基于一匹马大概可以拉动多少重量的货物，马夫会不停地增加马的数量，直到载有大象的马车被拉动为止。当然，马车肯定是特制的。

- 接着，把马匹的力量加起来，就能大概得出总的货物的重量。甚至，我们可以就用马匹为单位，用于计量大象的重量，类似于当今对车的动力表征。

- 最后，我们为了尽量测量精确，可以回顾一下以上的过程，这其中可以精细化很多条件，比如马匹尽量选择一个品种，选择同样大小的，比如车辙和路面尽量选择一样条件的。

其实，古人搬运重物的方式有很多，埃及人就会使用杠杆搬运重物来建造金字塔。我们只要列出一些和"大重量"相关的方式，这些方式就是可能的策略。**由此看来，古人暂不具备从科学的角度分析现象的能力，但是这并不阻碍古人通过对现象观察的经验总结来解决问题。对于一个问题，如果始终没有找到一种合适的策略解决它，那么说明我们还未完全认清问题与某种知识之间的内在联系，尚未找到规律而已。**我会说，就科学知识来说，古人和孩子都是在同一起跑线的，他们都不知道什么叫科学。在这里，我以自己的知识储备站在古人的视角考虑他们解决问题的可能行为，其实也是一种引导孩子的可行过程。这里解决重量问题的原理是一种模仿能力，直接模仿表象，以期达到同样的效果，那么由此判断彼此的模仿表象是对等的。马拉动重物，越重的物体需要的马匹越多，这就是同样的效果。所以，判断不同的重物所具有的重量之间是等量关系。我们不在乎拉的重物是什么，而只在乎判断所拉的重物的重量大小。在此，我们并没有把重物的重力和摩擦力的内在关系进行说明，即重力产生摩擦力，马的拉力是克服了摩擦力而不是重力，对于初始教育大可不必对这种内在关系进行讲解。自然教育的理念在于，先观察自然现象，累积经验，找出规律解决问题，至少要等到累积到足够的经验后再去探究原理。倘若有孩子真的问到了内在原理，这是一件值得高兴的事情，说明他在思考，但还未到直接给他原理性答案的时候。

那什么时候可以告诉孩子答案呢？幸运的是，孔子给出了一个比较明确的边界，这个边界很重要。子曰："不愤不启，不悱不发。举一隅不以三隅反，则不复也。"意思是说不到学生努力想弄明白，但仍然想不透的程度时，先不要去开导他；不到学生心里明白，却又不能完善表达出来的程度时，也不要去启发他。如果他不能举一反三，就先不要往下进行了。

至于分析问题的方法，是有很多的。我们无法穷举这些方法，就像我们无法穷举记忆的技巧一样，关键是体会并使用这些方法。我听说，卖茶叶的人总说，茶叶品种琳琅满目，喝茶不在乎茶叶的贵贱，而在于选择适合自己的茶叶。我们唯一能做的就是让孩子养成"喝茶"的习惯。教他一些知识，引导他解决问题，使他愉悦。

我们可以有意识地自下而上组建一个复杂的问题，再引导孩子自上而下分析问题、解决问题。

对于许多知识点的综合性学习，一个可行的方法是，通过对不同知识点的组合形成复杂的问题；反过来，引导孩子一步一步分析这个复杂的问题，分解这个复杂的问题，得到可以用每个知识点解决的小问题，然后一个个解决。

虽然我们是有意而为之，而且作为施教者心里已经有了明确的答案，但是通过我自己的实践发现，孩子在跟随分析的过程中总是能提出一些设计者事前未能预料的结果，这种结果往往出乎意料地让人觉得惊奇——**孩子能通过自己已有的经验提出很多有趣的解决方案，这是值得保护和鼓励的**。我们在做这种设计的时候，目标并不是让孩子完全按照设计者心里的答案进行，或者说，答案仅仅只是一种兜底的方案。在这个过程中，为了解决问题而产生的知识点都是有意义的存在，注意这个知识点是不确定的，或者说它可能与设计者标准答案不一致。不论这个知识点是否能解决当前问题，但是它的出现就意味着孩子是在思考的。**关键在于施教者需要推测孩子使用这个知识点的原**

因，以及引导孩子如何认识孩子自己提出的这个知识点和问题之间的关联意义。即便这个知识点无法解决当前问题，或者与标准答案相去甚远，这种思考过程仍然是需要鼓励的。这样做的目的是试图通过这种方式让孩子掌握分析解决问题的过程，而不是知识本身，这个解决过程就是思考的过程。

如果我们能够在实际的生活中创造出使用这些知识的环境，那么教育将更加有效。笔尖上的题目，姑且能够算得上是一种实践。**这种实践只是介于真实场景和思维抽象之间的模拟层，这种实践的好处在于便捷，这种便捷可以大面积地标准化实施**。这种便捷之处其实是对实际问题的简化，这种简化类似于题目中忽略许多真实条件的影响。问题的简化形式可以让孩子集中学习某一种知识点，这是有必要的。在科学研究某一种因素的单独作用时会暂时屏蔽其他因素的关联影响，但随之而来的结果是，对这个知识点的认识不够全面。不可否认的是，这一点教育者们已经做得很好了；他们设计了大量的题目让孩子掌握某种知识。我们并不能要求更多，这需要更为耐心更为持久的引导，至少孩子已经认识了知识的某一面。但我希望我们可以做得更好一些，我相信这一点并不是做不到，我一直强调的是生活中的问题是真实有效的，它包含了全面而精确的信息，很难被复制在笔尖上。**只有把知识点放在真实的生活中，观察它的表现，才能尽量得到清晰的反馈。请记住，清晰意味着记忆的深刻性**。放在生活中使用，使它融入到生活中，无时无刻不在使用，那么就自然而然地被自动化记忆了，"吃饭走路"这些基本的技能就是这样被掌握的。

这也是自然教育所提倡的理念，把知识应用于生活中，才体现出知识的"有用性"。当然，有人会说很多知识很难在生活中被使用到，那么问题来了，如果不把知识应用在生活中，你学习这些知识又是为了什么呢？可以解释的是，如果某种知识无法被使用，那么最好通过这些知识你能学习到解决问题的能力，这种能力并不仅仅包含知识，还可能是情感因素，比如抗压受挫的能力。

记忆的永久存储

我们已经明确了工作记忆中最重要的目标就是养成思考的习惯。不管是来自外部信息的输入，还是从长时记忆中索引的知识，都需要经过思考的熔炼，形成新的指导性的结论，这个结论就是新知识。虽然我们一直没有阐述长时记忆的相关特性，但是已经或多或少提到许多与长时记忆相关的要素。

长时记忆与工作记忆相比较，最重要的作用就是能永久保存信息。若是没有保存信息的功能，可以预见的是，我们会一直处于学习的过程中，任何知识都无法形成有效的结果被直接利用，这样带来的直接问题就是每次都要重新开始学习同一件事。阿尔兹海默综合症的现实案例就表明了这种问题，但我们并不需要了解记忆的病理问题，只需要关注长时记忆保存功能。

从某种程度上来说，人类留下的经典知识，也是通过各种各样的记录方式保存下来并传承至今，这些方式包括竹简、纸张、石碑、戏曲等。长时记忆中也有各种各样的记录规则。我们之前提到知识的种类分为陈述性知识、程序性知识以及条件性知识，这些知识在长时记忆中按照新的规则被分为几种情况。为了避免混淆，可以强调的是，长时记忆中的分类规则并不违背知识的基本分类，只是帮助我们更好地理解长时记忆的功能及工作方式。现在我们将大概介绍一下这几种情况。

我们一般会直接教孩子认识许多事物，这种直接的学习方式，通常和语义记忆有关。语义记忆包括命题、概念、表象及图式。我们在教孩子的过程中，或多或少都涉及了一个或者几个不同的语义类型，比如：

水果是一个概念，它是指可食用的植物果实。

苹果是一种具体的水果。水果包含了苹果，苹果属于水果。这可以看成是命题举例。

苹果的一些外表特征，就是具体的表象。

我们可以把苹果的相关特征组成一个图式，这些特征可以包括命题、概念、表象等与苹果相关的所有信息，即关于苹果的数据网络，这个网络的大小一般由个人所具有的相关知识程度决定。下图所示内容是我的一种关于苹果的图式信息，里面可能有一些错误的信息需要继续学习改正，而且也不会像专家一样具有全面且精细的描述。我所关心的有关苹果的知识，可能只有如何识别以及如何食用。自然教育的理念关注的就是知识的有用性。我们一般会教给孩子知识，核心的知识应该是对孩子有用的知识。那如何去讲授这个有用的知识呢？如果我们具备了上述这些知识形式的概念，那么就可以有意无意地通过这些形式给孩子讲授，这是一种有目标的描述方式，**在我们正在为与孩子的交流技巧发愁的时候，这几种已知的方法将是最佳的选择**。我自己一直是这样做的，结果显示也是不错的。

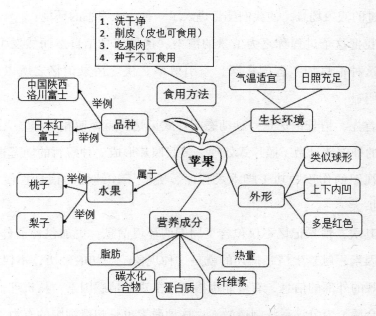

图 4-7 苹果的一种图式信息示意图

显而易见的是，仅仅通过陈述性知识的描述，不足以精确地表征苹果的特点，所以具体实物表象的辅助尤为重要。如果你还有一些关于采摘苹果的情景记忆，那么你将对苹果的印象更加深刻。自然教育的理念强调的就是在自然中认识知识，这就是一种情景记忆的方法。相对于课堂内的直接学习，自然的历练通过全方位的感官感知信息的特点，虽然我们一时无法总结这些信息的规律，但是积累的感受，会帮助我们更有效地理解课堂内理论知识的学习。

我们会发现这样一种现象：当周围的环境变化到某一种形式的时候，我们会突然感受到身临其境，其实就是我们的感觉器官接收到了各种细微的环境因子（可能包括温度、颜色、气味等）并自动地通过索引找到了对应的信息细胞反馈给大脑，最后在大脑中形成一个曾经经历过的假象场景，使我们感觉进入了一种令人熟悉的环境。

我把这个过程称之为情景的渲染。这种信息是自然而然发生的，可见这种信息加工程度之深、索引效率之快。情景记忆之所以作用如此明显：

首先，情景记忆是一种动态图片式记忆，就像照相一样，大脑对当时的外部情景做了照片式处理，多张照片形成一种短暂的动态视图。动态视图的作用归功于脚本式程序，关联了连续性的信息，使索引范围扩大。

其次，情景记忆不仅包含了周围的环境信息，更加包含了自身的情感因素。触景生情，描述的就是这种现象。当初的经历，不仅包含了客观的外部的信息，有可能也掺杂了主观的情感因素。从机理上讲，情感会调节内分泌系统制造激素，这种激素也是塑造细胞的有力工具，它与外部刺激产生的电信号具有相同的作用。

"我爬上了一颗苹果树，摘了一颗苹果，然后不小心掉了下来，掉下来的过程中，我感受到了失重的眩晕与恐惧。"这种情景式回忆显得更为丰满，不仅写作者自己能构建出一幅幅动态图画，还能引起阅读者的想象。动作的行为过程，永远是栩栩如生的感知。我们应重视情景式教学，这也是自然教育理念极力推崇的方式。

练习的重要性

内隐记忆属于长时记忆中最为神秘的部分。科学上能观察到的有关内隐记忆的功能包括经典性条件反射、程序记忆以及启动效应。我们仍然不需要关心这些专业术语的含义，**只需要牢记使用内隐记忆的最佳工具就是"练习"**。这种练习不仅仅指身体上的记忆，还包括对知识的运用。

小狗通过刺激练习，形成有效的经典性条件反射。

体操运动员通过动作练习，使得身体形成操作性记忆完成精确的动作。

孩子们通过对加法表的背诵练习，使大脑获得认知记忆，能够很快地计算出加法算式结果。

身体和认知的记忆对人身安全也有着不可估量的作用。身体在应对危险时的条件反射，也是经过多次尝试后的结果。我们的身体首先会自动避开危险，接着我们的认知会产生恐惧刺激激素的分泌用于后续对危险的处理。这里涉及的两条反射链路分别是：一套是快速反应系统，一套是情绪系统与意识处理过程有关。这两套系统的互动显然会产生被我们称为"直觉"的感觉，这是近期最伟大的心理学发现之一。

内隐记忆的核心作用在于通过练习形成"自动化的基本技能"，它的直接好处是不需要经过意识的控制，不自觉地应用相关脚本，降低工作记忆的负荷。专家的外显记忆通过不停地练习，逐渐演变成了内隐记忆，这些内隐记忆在特定的场景可以自动化地被应用，不需要意识的控制，由此不会给工作记忆增加太多负担。我们可以自信的一个事实是，在公司到回家的路上，自己成为了一种专家，在想着工作中碰到问题的同时不自觉地已经到家了。

工作记忆的资源是相当宝贵的，减少一分资源的占用，使得多一种信息的加入，便能增加更多信息组合的可能性。我们知道，从排列组合的角度出发，多一种信息的加入往往就会产生大量不同信息组合的可能性，解决问题的关键方法也许就隐藏在这些增加的可能性之中。

工作记忆的容量决定了在同一时刻可联结的知识的数量是有限的。如果一个问题涉及多个知识，知识数量大于工作记忆的容量，则可能无法在同一时刻把所有关联知识组合在一起，也就无法全面思考问题。大脑为了获取这个问题的所有关联知识，不停地在这些知识之间来回切换，这总会造成某一个关键知识的丢失，导致解题出现问题。这就如同无论我们如何摆弄拼图，总因为它始终缺失一块而无法得到正确的结果。但是，如果知识被练习得足够熟练，理解得足够深刻，那么，知识在切换时的残影是有可能在消失之前被关联使用的。天才和普通人的区别可能还是在于大脑构造的差异，倘若所有关联条件都能装入大脑，那是再好不过的情况了。正因为并不是每个人都是天才，通过练习达到知识的熟练使用，成为其必要的学习手段。

再者，在对问题的某一个关键知识点无法理解的情况下，如果此时需要额外的基础知识对这个关键知识点进行解释，那么可以先对这个关键知识点自上而下进行分解学习，直到最简单、最直白的基础知识得到理解；紧接着，向上合并这些基础知识，把它当成整体的知识点，进而理解这个关键知识点。这样，原本需要多个基础知识的情况，变成只需要这个关键知识点了。所以，对于分散的零星知识，如果条件允许，是可以通过练习找出规律合并这些零星知识，以达到化零为整的目标。

练习是学习知识必不可少的过程。练习最难能可贵的品质就是坚持实践性的输出，这种输出是一种主动性的输出，我更愿意称之为记忆的构造输出。学习，通常而言是接受知识的过程，不论我们从施教者的讲课中学到的知识，还是我们通过观察自然得到的信息，都停留在被动接受这件事上。但这是没有问题的，而且是初始学习必要的过程。而思考的练习讲究的是，从自己的记忆中努力搜索相关的信息还原某个知识或者某个物体。

以画画为例，我们看着物体画画，看一眼，画一笔，这种信息始终是从外界通过眼部连续不断地输入信息，并传达到工作记忆中。**我们并不用花费多少气力去维持这种链路，这是先天的自然通道及能力。而如若我们闭上眼睛，去想象我们描摹的对象，则需要花费精力不断在脑海中搜索相关的信息，以构建、修改并维持这种信息的存在。这是对后天经验通达工作记忆道路的创建及加强。故而，初始学习是"依葫芦画瓢"的摹写，后续学习则是"成竹在胸"的创建。**在创建的过程中，我们再向画作中融入感情和理念，就使得这幅画获得了灵魂，于是我们才能说创作者赋予了这幅画以生命。

在初始学习中，用练习清楚知识；在后续的使用中，用练习理解知识。**我们不能长时间停留在初始学习阶段，这容易养成孩子跟随的习惯，因为跟随学习是一件轻松的事情，久而久之就会滋生学习的惰性。**我们也不应该在孩子未做好准备的时候，贸然让他尝试创作，这会导致他无所适从，因为他可能尚未掌握好需要用到的"材料"。所以，我们需要根据孩子的实际情况做出合适的判断，以决定要不要进行深入学习。

不管是什么阶段的学习，实践性的输出尤为重要，每一种学科输出的方式是有很多的：对于美术的学习，练习线条的每一种画法；对于体育的学习，练习每一个动作的力量；对于语言的学习，练习听说读写；对于数学的学习，对同一个知识点反复地学习、使用及理解。

这些就是预习、学习、作业练习及复习的意义。

然而，实践并不是一件容易的事情，这需要孩子自身以强大的动力进行持久性的学习。就成人来说，也未必能够坚持学习，我们更不可苛求孩子做到这一点，兴趣只能是入门的导师，后续的坚持是一个难点，这是学习的动力要解决的问题。

我们应该努力让孩子习惯这样的学习过程，一旦孩子认识到了练习能加深对知识的掌握，由此具备了一定的对学习的掌控力，那么就可以放手让他自行学习。

梦的神奇作用

我们还可以看到的是，有很多案例，是关于无意识的另一种作用。比如：凯库勒与苯环结构的故事、门捷列夫与元素周期表的故事、洛伊与神经冲动的化学传递的故事等。对于"梦"这种无意识的作用，虽然可以佐证的材料不多，但从一些故事和我们自身经历来说，可见一斑。幸运的是，从弗洛伊德《释梦》中似乎可以看到一些科学的影子。根据《释梦》的解释有如下可以确定的观点：

首先，可以确认的是梦中记忆的碎片，可以来自近期所关注的事情，当然还有其他来源。对于这一点的解释是，如果我们每天都全心全意解决同一个问题，那么我们很容易在梦里也预见这个问题，此所谓"日有所思夜有所梦"。科学家的专注精神尤其能将这一点发挥极致。

其次，在梦中可以拥有所有的记忆，无意识的工作范围是整个大脑记忆区域，这些区域的记忆信息都开始活跃并试图冲破阻拦进入到工作记忆中。通常，我们的主动意识往往只能索引大脑很小的记忆区域，尤其在工作记忆中来回切换记忆信息的时候，效率是相对较低的，大多数记忆此时是沉睡的。**而在梦中的时候，记忆很可能都处于激活状态，这种全量的活跃信息虽然杂乱无章，但是每种信息都有互相碰撞的机会，就如笛卡尔积一般，由此可获得全量集合，而这并不受工作记忆资源的限制。**这就是说，我们当前关注的这个问题可以和任何既有的经验进行碰撞。虽然基于这种碰撞产生解决问题的方法概率比较小，但是不可否认的是，一旦有结果，那么这个结果的意义对自己的影响将是巨大的。我时常苦思冥想的解题思路就是在梦中这一瞬间获得了灵感，这种感觉犹如醍醐灌顶一般，让自己大脑与心灵得到洗礼。科学家对于知识的理解深度，更能增加这种碰撞出火花的概率。

神秘的潜意识爆发出的感触，能够"挽狂澜于既倒，扶大厦之将倾"；

神秘的潜意识爆发出的灵感，犹如"众里寻他千百度，那人却在灯火阑珊处"；

神秘的潜意识爆发出的理解，相似"踏破铁鞋无觅处，得来全不费工夫"。

通过梦解决问题看起来是一件很玄乎的事情，但其实必须满足两点要求，而这两点要求也是学习的核心要求。

第一，对知识的专业深度。这一点需要刻苦钻研的精神，对一种知识不停地学习。

第二，对知识的范围广度。这一点需要博览群书的兴趣，对不同知识的了解。

没有这两点为基础，再玄乎的方法，也是没有作用的。

关于创新与批判的一些理解

另外，这两点对于创新能力来说也是必不可少的条件。其实，很容易看到的是，在梦中知识之间的碰撞是灵活的，并不受思维功能固着的影响。**创新能力要求的第三点就是思维的灵活性，善于主动使知识进行碰撞融合**。比如：生物知识只是对世界的一种解空间，军事知识是社会的一个解空间，不同的解空间之间存在融合创新的可能。我把这三点称之为"T字创新"。

事实上，这种思维的灵活性，体现的就是一种知识在不同场景中的迁移及应用，而知识迁移的精髓就在于"学以致用"。这样看来，梦里的"奇迹"和主动的创新意识具有异曲同工之妙。所以，任何事情仍然可以有科学的解释。

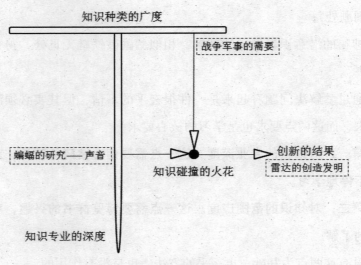

图 4-8　T 字创新

　　对于创新思维，除了以上三点要求，还需要个人的坚持和动力用以支撑你对未知进行探索。未知一直都是恐惧的原因，我们并不清楚前方的路应该如何选择，就像我们位于一个球体内部，围绕着我们的立体空间每一个方向都是一种选择，这就决定了我们需要坚持不懈的探索，甚至在明知道可能得不到结果的时候，依然坚守信仰。

　　还有一点就是，创新需要社会的支持。我们的创造并不是发现，发现是来源于自然已有的事物，我们只是找到了而已。而创新是人类自己的杰作，是自然界中不存在的事物，既是属于人类社会的，就需要社会的认可。所谓的社会认可，就是创新的事物对于人类来说是有用的。可以看到的是，我们有很多的专利，然而大多数专利至今仍然默默无闻地躺在文献之中。当然，这些专利也许只是还未找到合适的场景，一旦某个专利对许多人有用，那么立刻就能凸显它的价值。

　　每个人都可以成为创造者，同样，每个人也可以成为批判者。

　　这跟智力无关。真理的背面是无穷无尽的假设，所以我们总是可以找到一些批判的观点。但是，批判的目的并不在于推翻一种观点，而是应该让这种观点更加完善。**创新和批判都是基于已有的经验，一个是探索出新的事物，一个是完善已有的认知**。基于已有的经验并不需要你成为专家，有多少经验就使用多少经验。所以，一个平平淡淡的孩子也是可以有所作为的。"每个孩子都是一个小天使"，我们不必强求他变成谁，只需要他做好自己。就如同一个人也许不能成为天才，但他一定能够成为圣人，只要他有足够的道德信仰。**"做好自己，发现真我，而后知行合一"**，他就是自己的圣人。这个意思是说，我们也许不能完全认识自然法则，但是对于人类社会的规则，我们是可以掌握的，因为这是人类自己设置的。

创新向前，批判求稳，它们之间是相辅相成的。批判性思维是不断鞭策自己求真的动力，它始终能提出对创新事物的不足之处，保持我们对于创新事物的清醒认知。批判性思维不仅可以对创新保驾护航，也是对知识保持敬畏之心的一种思考方式。

学习与思考

最后，我们需要强调的是，练习是一种对特定知识点的学习，在这个过程中更为重要的是需要反思这个学习过程中产生的差异，以获取理解。熟能生巧，这个巧并不一定是局限于当时所做的熟练的事，而是应该从熟练的事中摸索出一套技巧方法，以熟练之事物，学习方法之能力，进而迁移至其他事物。这才是练习的本质要求，以量变引起质变的规律。

子曰："学而不思则罔，思而不学则殆。"

如果我们只学习而不思考，那么就会感到迷茫。迷茫的原因来自于，从未通过思考理解知识本身，没有理解，就无法灵活使用，知识只是在记忆里而已，我们只会按照特定的场景使用特定的知识，就如同机器人一般，输入的指令是什么，机器人就只做什么。一旦碰到新的问题，便找不到合适的工具，无所适从。

我听说过一个有趣的案例，关于经营非洲的一个农场。这个农场是由白人经营的，他们擅长给黑人劳动者进行分工，并能够把分工后的每个节点有序地连接起来形成完整的生产线。农场里的黑人对于自己手头上的工作也非常的专业，这些固定的工作都有明确的工作方法，对于没有学过相关技能的人来说也很容易完成，所以每一位黑人都安于自己手头上的工作，他们并不愿意去掺和其他人的工作，于是农场经营得非常好。但是，有一天，黑人群起把白人赶走了，他们认为白人没有实际劳动，并没有起任何作用，他们自信地认为由自己经营也能做出同样的成绩，遗憾的是，他们失败了。他们发现，由他们各自生产出来的半成品，无法组装在一起，没有一个人知道该怎么做，原因是他们从未思考过自己的工作和其他人的工作之间的联系。

如果我们只思考，但不学习，那么容易陷入幻想的陷阱。孩子如果每天都在思考如何让小鸟在水中游泳，让小鱼学会爬树，只能徒劳无功。他应该学会的是每种生物都进化出了自己独特的技能，以适应自然的生存，这是自然的法则。我们的思考首先应由实际出发，遵循自然的法则，思考的素材应来源于生活中的经验，一切脱离实际应用的幻想都是危险的。自然教育的理念明确说明，要控制孩子的欲望，而幻想却是欲望的来源之一，这是要被坚决控制的。"真正的学习，是对知识的结合与整合。"知识是思考的载体，没有知识的思考犹如"无根之木，无源之水"，既长不大又流不远，容易流产徒费精力，久而之便容易养成眼高手低的不好习惯。

"在儿童时期没有养成思想的习惯，将使他从此以后一生都没有思想的能力。"思考带给人的变化，是本质上的区别，它不仅能够带给我们认知，还能够防止我们陷入思维的固化。思考并不拒绝知识，但也不盲从行动，专注于从实践产生的结果中观察到细微的差异，始终带有批判的精神，时刻抓住自己脑海中一闪而过的疑问。这就是思考带给我们的思维灵活性，与之相对的"功能固着、反应定式、信念坚定、确认偏向"等固执的观念是需要时刻警醒自己的，这是思维惯性和惰性的体现。

克服思维惯性，要具有批判的精神，同时要学会多维度思考方式，例如一些常见的思维方法：发散思维、逆向思维、归纳演绎、辩证思维等。每一种思维模式的学习都是一种新颖的思维冲击，犹如家常便饭中加上一些新鲜的调料一般，充满了诱人的滋味。就好比思考是一种饥饿的刺激，而模式便是满足肠胃的食物。我们应重视对这些思维模式的练习，要让孩子学会在这些思维模式中灵活地切换使用，便是最有价值的自动化脚本。

克服思维惰性，则需要足够的学习动力。关于思维惰性已经在第一本著作中有所阐述，这里不再赘述。

我一直惊叹于计算机的发明创造，认为计算机是迄今为止，人类制造的客观理性 "生物"。如果我们不能很好地理解人类的记忆功能，那么通过计算机的实物比拟，也许是一个不错的主意。

感觉记忆可以看作是计算机的主存；工作记忆可以当作缓存、控制器以及运算器的集成；长时记忆可以比作外存。很容易看到的是，主存的空间足够大；缓存的空间有限；而外存的空间无限大。所以，我们需要有计划地使用缓存的资源。值得一提的是，信息之间的交互通道即神经通道则可以类比计算机的传输总线，运动对于神经通道的作用就好比增加了 "传输总线" 的带宽。

计算机的简单工作流程如下：信息通过输入设备的接收，经由传输总线，输送到主存中；通过控制器的控制来到缓存，并由运算器的计算加工形成结果；最后输送到外存进行永久存储。当然，需要立即使用的信息，可以通过输出设备显示结果。同样的，信息通过我们的感觉器官，经由神经通路到达感觉记忆中；我们通过意识的控制将信息传到工作记忆，再由意识的计算加工形成结果；最后输出到长时记忆进行永久的存储。

只要我们能明白计算机的构成，通过设计编写一个合适的程序，操作计算机的各个组件，脑海中清楚地知道，各种信息在计算机内部的流转、交互与状态，那么我们的程序就是成功的。如此，只要我们稍微懂得一些理论，知道教育的内容如何在孩子的大脑内部流转与处理，便可以使用一些合适的教育"程序"，引导那些教育内容被孩子接受和融合，那么我们的教育便会成功。

我们需要小心地考虑这些教育"程序"，不能过于强硬以至于伤害到孩子的主动性，但又需要恰好能引起他思考的兴趣。一旦孩子产生了兴趣，那么接下来就要考虑如何让他具备持续的思考动力。

所以，计算机和孩子的关键区别在于，计算机只能按照固有的内置程序作为初始控制开始工作，它是无法主动工作的；而孩子需要通过自己的主动意识完成思考的控制工作。其实，孩子已经具备了自主思考的"硬件"和"软件"，唯一的阻碍可能就是惰性。为了让孩子克服惰性，能够主动持续地思考，我们不得不培养孩子学习的动力。

第五章　学习的动力

"故天将降大任于是人也，必先苦其心志，劳其筋骨，饿其体肤，空乏其身，行拂乱其所为，所以动心忍性，曾益其所不能。"

正面面对痛苦的经验

我们最关心的应该是如何让孩子产生学习的动力。产生动力的原因有很多，可以是好奇或者兴趣，可以是疼痛或者痛苦，还可以是其他各型各色的欲望。

"生存最根本的能力就是去接近那些对你有益的事物并回避那些对你有害的事物。"我把动力大致归为两类：寻求愉悦和逃避痛苦，这样有利于我们理解产生动力的根本原因，并由此衍生出各种促使孩子产生学习动力的方法。但不管是寻求愉悦，还是逃避痛苦，还可以更进一步归结为两个字——"有用"。有用以自爱，我已经在第一本著作中有所阐述。愉悦对我有用，那么我就要努力争取幸福；痛苦伤害了我，如果知识能够让我避免痛苦，那么我就应该努力学习。遗憾的是，如同本章初始引用的名言，产生动力的诸多原因中，以"痛苦"的经验最为重要。

何为经验？我们不谈经验的哲学原理，这个没有必要。我们只把经验当作知识或者技能，或者自己的切身体会。而最重要的切身体会可能就是"痛苦"的经验。

卢梭说："教育是希望人幸福，但是我们不求幸福的增加，只期望痛苦能减少，教育就成功了。"

洛克说："我们天生害怕的唯一的一件事情就是痛苦或者丧失快乐。"

痛苦的地位是非常高的，许多哲学家、教育家都将痛苦视为一件非常重要的事情。我认为，痛苦在经验范围内具有超然的地位。

我们出生时的第一次痛苦经验来自于饥饿，这是我们与自然的第一次联系；然后通过哭声寻求帮助，这是我们与社会的第一次互动。于是，我们从一无所有到接受生命的洗礼。在追求生命的道路上，我们需要从外部获取资源，获取维持身体机能的能量和升华思想的知识，于是我们便有了欲望，痛苦由此增加。

痛苦可以分为两种类型，身体上的疼痛和心理上的苦难。身体上的疼痛是指皮肉之苦，这个比较简单理解；心理上的苦难是与欲望直接关联的，欲望越多痛苦便越多。起初，婴幼儿可能只有饥饿的痛苦；到了孩童时期，增加了想玩的欲望，如果不让孩子玩，孩子可能就会陷入痛苦；等到了成人时期，突然发现自己有了更多的欲望，很多欲望可能都是无法满足的，这便产生了更多的痛苦。于是，随着时间的增长，欲望增长了；欲望增长了，痛苦就增长了。

不管是身体上的疼痛，还是心理上的苦难，我们无法避免，这是自然给予我们的生存动力。而我们能够做的就是控制自己的欲望或者努力争取自己想要的。控制自己是把自己作为与这个世界割裂的单独个体而言，外物与自己没有关联，这是每个人都能做到的，因为我属于我自己，我能控制的就是我自己。争取自己的诉求，必然存在着交换，把自我割裂出让或者让外物与我融合都是一个改变的过程，这需要物质和精神能量的支持，这是自然法则。学会控制自己的欲望固然可行；但如果执着于自己的梦想，必然是要承受过程之痛。两害相较取其轻，不管是哪种方式，都要正面看待痛苦的意义，将痛苦视为动力的源泉。

孩子需要痛苦的驱动，我们则有必要帮助孩子认识苦难的意义。由此，我们必须认清痛苦的来源，才知道哪些是可以避免的，哪些是可以控制的，哪些是孩子必然要承受的。当如此，才能知道怎样保护在风雨中成长的孩子不会被轻易折断。当孩子成长到能够独当一面的时候，我们自然就可以放手了。

自然的结果与人为的契约

我把痛苦的来源继续细分为两种情况：一种是自然的结果，另一种是人为的因素。**总的原则就是，尽量避免人为制造的痛苦而接受自然的结果**。凡是因为客观的不可抗拒的自然结果，那么都是好的；凡是人为施加的惩罚，都是不好的，但不好并不意味着没用——"乱世当用重典"。适当的惩罚是有必要的，我们如若不能提前教育孩子，那么将来社会会来教育他们。对于过度的人为惩罚，解铃还须系铃人，人为的痛苦自然由人的爱来驱散。

斯宾塞说："自然惩罚的方式有利于产生正确的因果观念。"自然的无情是谓公平公正，"天地不仁以万物为刍狗"，它不以任何人的情绪和意志为转移。不管我们面对自然如何的不屈，如何的抗争，如何的怒吼，自然的态度是不为所动。我们被植物割伤，就会流血；我们被蚊虫叮咬，就会产生痒痛；我们淋湿了，就可能会感冒；等等。有了一种自然的原因，必然会出现同一种自然的结果。这便是客观自然的因果，有生便有死，生死是最大的因果。当我们认识到自然一贯无情、一视同仁、前后一致的原则的时候，我们觉得自然是公平公正的，我们的内心深处产生的是对自然的敬畏之心。

人类社会给孩子造成的心理上的痛苦大多是基于不公平不公正的结果。

"为什么之前带我玩游戏，现在不带我玩了？"

"为什么之前允许我吃零食，现在不允许我吃了？"

"为什么之前给我买玩具，现在不给我买了？"

公平公正是人类最朴素的要求，对公平公正的讨论也从未停止过，然而却没有很好的答案，或者说，很难做到每件事都公平公正。但基于孩子的需求范围以及生活范围，公平公正还是能做到的。孩子的需求范围可以称之为欲望，孩子的生活范围初始是以家庭为主。有人会说，孩子的出生环境本身就是一种不公平，但起初婴儿是意识不到这一点的，他并不知道什么叫公平。婴儿的初始要求就是食物与睡眠，吃饱了就睡，睡醒了再吃，这就是所谓他的需求范围。这一点，我相信自然给予的母乳是公平的。虽然，随着孩子的慢慢成长，他开始想要一件玩具，开始想要玩耍，开始想要更多……只要我们能实事求是地教育引导孩子，那么就可以让他正确对待他的欲望。这一点，我相信自然给予人的至善至美的本性是公平的，那么我们教育的资格就是公平的。孩子初始对于公平的概念其实是很简单的，他只会对自己在意的事情要求公平，而他在意的事情并不多，比如玩具、食物、游戏等。只要在这些少数事情上保持我们和孩子之间逐渐形成的契约的一致性，就不会给他造成心理的痛苦。这种一致性表现在引导孩子懂得一切本来都是没有的，自己想要的要靠自己去争取，这就是所谓的公平公正。

基于这种契约，将形成一个重要的教育契机。

"你想玩这个游戏，那么就要学好英语，因为它的说明都是英文的。"

"你想吃零食，那么先必须把饭吃完，这是规则。"

"你想买玩具，那么你得先把已有的玩具选出来收好，以给新的玩具腾出空间。"

前面已经提到，人为施加的惩罚都是不好的，但是还是可以存在的。注意，我们仅仅把这种惩罚作为一种补充手段。比如，作业无法完成，就会被罚站。这是在人为的层面设置的一些规则，并由人为添加一个后果，并不是一种自然的结果。

如果你要说，不完成作业的自然结果是成绩下降，但其实成绩下降的直接原因是对于考试的目标知识掌握不够，而这种知识也是人为规定要求学习的，不一定是孩子自己想学习的。我们现在要求孩子学习的内容都是我们认为的对孩子以后有帮助的知识，并不一定是适合孩子的知识。这种知识的目的是让孩子生活得更幸福，而并不是生存的基本要求。**所以，人为设置的规则可能是层层嵌套的，稍加分析就会发现，其结果归根结底还是人为制造的。**

惩罚一直以来就是阻止孩子做一些事情的手段，然而仅仅阻止是不够的。**最好的惩罚教育应该是在阻止的同时，引导孩子去做正确的行为。**孩子通常会以最容易的手段进行抗争，或是大吼大叫，或是大哭大闹，或是撒泼要赖，因为他还不懂得控制自己，更是因为不知道如何做才能争取自己的利益。孩子是柔弱的，只能通过这种愤怒的模仿试图掩盖自己内心不知所措的恐惧。问题的关键在于，孩子想要而不知道如何做，所以使用了一种最容易的表达方式。**这是另一个教育的契机，如果我们能在阻止的同时，进一步教会他应该怎样去做，让他尝到一些甜头，那么这件事便会由坏事转为好事。**孩子是简单的，对他有利的事情，一旦他知道如何去做，那么他就会这样去做。我一直觉得最可怕的事情是，在孩子手足无措的时候，同时被我们训斥打骂，加上来自言语的伤害，"你怎么这么笨""你怎么这都不会"，这些是令人心痛的教育，我对此深感遗憾。

不管我们如何实施惩罚，随着这些惩罚而来的痛苦中，有一种痛苦是绝对不能要的，那就是我们主动对孩子造成的心理伤害。这种心理伤害主要来自两种形式：一种是行为伤害，另一种是语言伤害。

行为方面，举个恶性的例子，比如虐待，酗酒的父亲因为自己不顺的心情，而对孩子滥用体罚，这更多的是对心灵安全感的打击。孩子会觉得这件事不公平，自己这样做被打！自己那样做被打！自己没有做，为什么还是被打！为什么会得到这样的结果？其他的孩子为什么没有相同的遭遇？孩子是那么的柔弱，他会因不知所措而感到迷茫的恐惧。

假如孩子产生了抗拒，并为此斗争，虽然前期可能无力反抗。但总有一天，在施虐者自身变得孱弱，孩子变得身强力壮的时候，就会导致角色的转换，产生不良的后果。这只是结果，但其实在这个长期受虐的过程中，孩子的憎恨一直在积累，孩子的内心已经因为负面情感而变得扭曲。

假如孩子内心无法抗拒、无法斗争，被动地选择接受，结果就是自尊心一点一滴被磨灭，最后导致孩子产生自卑及软弱的心理，从此被暴力所奴役。这种现象也叫习得性无助。

无论怎样，行为的伤害最后都会转化成孩子的心理伤害。这里的两种结果都是关于行为主义的例子，这是已经被证实的例子，所以无须多说。只是有些人会以有意让孩子受身体之苦为借口，实施这种虐待。

如果换成是自然的体罚，无论对谁，其结果始终都是一样的，我多次强调，自然无情的惩罚是公正公平的。而人在实施惩罚的时候，结果会因人而异，这里面就存在不唯一性，这种不唯一性就导致了很多种可能。所以，永远的公平公正恐怕只有自然能做到。

假如有一种能一直保持同一结果的惩罚，我个人觉得是可行的。说大一点如同法律，说小一点如同和孩子订立的契约。**契约可能是唯一一种介于人类自由和自然法则之间的规则，它模拟了人类社会的自然法则**。从小让孩子形成契约精神，同他一起制定合理的契约规范，当违反契约规定的时候必须受到契约规定的惩罚，这个是对他有益的。契约和法律的宗旨都是讲究公平公正，所以我们可以说法律无情，是说它必须如同自然一样无情。可惜的是法律的制定可能也是有漏洞的，而且法律的判定者也是不同的人，不同的人就有着不同的标准，而自然法则和审判者永远只有一个。

值得一提的是，如同法官在判决前搜罗证据一样，在孩子出现问题行为的时候，我们首先应当找出使得孩子出现行为问题的真正原因，帮助孩子调节他的行为。

　　我记得有一段时间我家小朋友不想上学的情绪日益严重，所以喊他起床上学的时候，他会乱发脾气。起初，我以为是在学校没受到老师的关注，所以他不想上学。毕竟他平时在家被关注，但是一旦到了学校被关注的时间可能减少，而以自我为中心的孩子在碰到环境造成的反差时可能引起负面情绪。后来了解到，他在学校期间表现还好，那就不应该是厌学的原因。于是，仔细一想，应该还有其他原因。那可能就是最近一直夜咳，睡不好，所以早上起床想睡觉。他的脾气比较倔，想做的事情就一定要做。如果是上学的事情阻止他睡觉了，很可能会迁怒到上学本身。本来一大早起床就是睡意朦胧，情绪不好的状态，加上又有那么点不想上学的念头。两相结合于是就爆发了。最后我决定请假，先把病治好，并跟他说："爸爸不强迫你上学，虽然上学是必须要做的事情，但因为你感冒不舒服，所以这是可以原谅的。那我们约定等感冒好了，我们再去学校，你觉得好不好？"

　　找出问题的真正原因，避免滥用惩罚，不要因为错误的表象而伤害孩子，使他觉得不被理解。我们对孩子应该表现出更多的关爱，始终应该正面教育，而不应仗着契约肆无忌惮地实施惩罚，不要以惩罚为目标，就算在情非得已的情况下实施惩罚，也要保证事情是有理有据的，如此，我们才能使孩子信服。

　　语言方面，我们来看一看，皮格马利翁效应。这个效应是真实有效的，是可以从科学的角度进行解释的。由于我们的语言话术会根植在孩子的记忆之中，一般存在于他的潜意识里。当孩子对一件事情做出判断的时候，是结合各种记忆和情感的成分做出的综合决定，而这种由潜意识发出的暗示，是会左右这个决定的。另外，从生理上来讲，这种暗示还会影响情绪系统，导致一些激素的产生，这些激素的细微变化可能会影响最后的行为结果。所以，语言一般会直接对孩子的心理产生作用。

如果是正面的影响，"你很努力""你很有勇气""你很坚强"……那么这将有利于形成良性循环。比如，正面的情绪促进激励激素的生成——勇气需要的肾上腺素，激励激素有利于身体的亢奋，身体的亢奋促使了行为的灵活，最后取得良好的结果，这个良好的结果肯定了自信的情绪，于是就回到了良性循环的起始。这个现象在体育界最为常见，运动员们常常因为自信而享受比赛过程，他们的这种兴奋状态有利于激励激素的生成，于是身体的各项机能都会得到提升，往往会取得更好的比赛成绩，所以，兴奋剂被视为影响比赛公平公正的原因。

如果是负面的影响，"你真笨""你真小气""你真胆小"……那么就会抑制激励激素的产生，甚至产生防御性激素，一种明显的表现是身体不停地发抖，导致操作失误，甚至一开始就不敢实践，愈是害怕行动愈是变得不自信，由此产生恶性循环。

这种自信与不自信，固然是跟自己平常的积累相关，但也会跟周围人的评价相关。一个主动的负面词汇，是会造成隐形伤害的，不管这是有意或者无意的评价。也许，我们本是想通过这种负面评价来激将孩子的好胜心，但这确实不适合所有的孩子。**正面的激励导向是最重要的，教育具有一定的不确定性，但是正面激励大概率能向好的方向发展。除非你能确认孩子已经具有足够的独立克服困难的能力，而他不愿意去做的时候，可以尝试一下激将之法。**如果想学习激将的时机和条件，那可以看看《三国演义》中孔明和张飞之间的斗嘴，体会一下这其中的条件。但我建议，在你不能判断孩子的极限能力时，最好不要使用激将法。**所以，言语方面的负面影响是绝不能要的，请尽量使用正面教育。**有一本书叫《正面教育》，里面阐述的理念差不多也是这个意思。

凡事应该是有个限度的，正面鼓励是好的，但鼓励的词语不要浮夸。说到这里，可以提一点，有些所谓"心灵鸡汤"的激励言语，其实是一个心灵陷阱。**痛苦是能让你真真切切地感受到当前的实在，而盲目的赞扬和激励则可能让你产生对自己的幻想。**一个是有助于你对自己正确的评估，一个是鼓动你虚幻的欲望。别轻易使用过度的词语。譬如"你是最好的，你是最棒的，你是最成功的……"这些词语容易造成吹捧，导致孩子盲目的自信。孩子是以自我为中心的，这就决定了他觉得自己什么都是最好的，什么都是正确的，所以不要让这种过度的词语加深这种以自我为中心的感觉。我们应引导他察觉到哪怕是前一刻的他和后一刻的他都是不一样的。**把正确的称赞导向他自己的行为，明确他的相对进步。**譬如，"你比以前表现得更棒了""这是你自己努力的结果""你成功了，你做得很好""我知道你能做到""这个事情很难，但是你克服了。"

这里有个激励理论的对比，在于"任务卷入学习者"与"自我卷入学习者"的区别。虽然我更赞成不要让外部表扬替代内在的动力的行为，不要让孩子认为他的所有努力只是为了博得你的一笑。所以，这些语句尽量少用，比如，"我为你感到骄傲""我很高兴你做到了""你值得我的称赞"。**但是，如果找不到更好的内部激励方式，外部激励的手段也是可以选择的。**毕竟，"天下熙熙皆为利来，天下攘攘皆为利往"。这句话就是外部激励的真实写照。

当然，没有人能时时刻刻注意自己的言行，很多时候我们的话语都是未经过思考脱口而出的。**但是，当有一个合适的教育理论深植在你的教育思想之中时，那么你就会感觉到自己的言行无形之中被牵引到对孩子合适的方向，这需要一个过程，首要的条件是接受一种合适的教育理论的熏陶。**

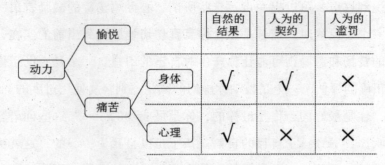

图 5-1　痛苦的类别示意图

　　总结一下，没有理由的行为惩罚和所有的语言伤害是绝对不可取的，这会造成很多负面影响。痛苦的经验应该来自于客观的始终如一的惩罚。客观的含义是不可抗拒的，始终如一代表着公平公正要求。

痛苦的重要作用

　　痛苦的超然地位还在于它的两点重要作用。

　　其一，痛苦的经验是避开危险的首要手段。我们不可能时时刻刻盯着孩子，终有一天他要独自面对危险，而初始的痛苦体验就是他生存的最好保障。这种保障不仅表现在懂得如何处理危险，还表现在如何对待身体出现疼痛时发出的警觉。我时常觉得，宁愿让孩子胆小一些，也不愿让他冒进涉险。

其二，痛苦是磨炼意志力的最好途径。我始终认可"吃的苦中苦，方为人上人"，别人无法承受之苦，你若是能趟过，自然能更胜一筹，这表现出你的过人之处。正所谓"古之立大事者，不惟有超世之才，亦必有坚忍不拔之志"。当然，意志力，还可以由正面的情绪产生，比如榜样精神的力量。

起初，在孩子还小的时候，我们不必刻意去制造危险，只需要在他自然受伤的时候，教他正确认识疼痛、认识流血、认识大自然赐予他的锻炼机会。

这里有一个老生常谈的例子，说的是当孩子摔跤后，我们会怪罪让他摔跤的物体，这是完全错误的做法，这是在培养孩子奴役的思想。举这个例子是想强调，任何自然的过程，都不应偏向怪责，这并不是错误，所以没有错误的一方，更不要指责孩子说：

"你看你，怎么那么不小心！让你不要跑，不要跳，摔跤了吧！流血疼了吧！知道教训了吧！"

当然，我们说这种话，可能是因为心疼孩子而产生急躁的心情，希望通过这种言语让孩子记住这个教训，让他下次多加注意。虽然初心是好的，但是方式却是错误的。其实，我们只需要解释事实本身就好，此时可以跟他说：

"摔倒了，我们自己爬起来！"

"这是正常现象。"

"我们要坚强一点，勇敢一点！"

多用鼓励的言语影响孩子的认知，甚至可以根据力的作用是相互的这一科学原理，对他这样描述：

"你被石头摔倒了，可是石头也被你踢得很疼哟，你看石头他就很坚强，没有哭呢。"

没有幽默，没有比拟，只把石头当对等的存在。

刚开始孩子肯定是会哭的，他的坚强还未显现。坚持慢慢教他以常理看待，多以爱护去理解，长此下去，效果是明显的。

我记得我家小朋友很小的时候滑倒，总是喜欢把嘴唇磕破，鲜血直流，看起来就很疼。起初，他肯定是号啕大哭，但渐渐地有了引导之后，他的声音慢慢变小，甚至后来，只流泪而可以忍住不喊，这一幕，让我看了也是颇感心疼的。这种伤害和疼痛对于孩子来说，还是相对较大的。我无法不感叹，小孩子的忍受力也可以如此强大。

在锻炼孩子身体忍受力的同时，也要促进他内心的正确认知。举个例子，如果孩子摔倒后背对着我们，他看不到我们，那么我们可以立刻轻轻地跑过去询问；如果孩子摔倒后能看到我们的表现，那么我们应该尽量平静而沉稳地走过去，不要显得过于惊慌。我们可以思考这两种场景中，我们的不同表现所带来的影响差别在哪里？**没错，我们不能把自己的惊慌与恐惧传导给孩子，而应该把冷静和坚强的一面表现出来。伤痛，已经产生了，不应该再在心理上继续加深恐惧，其实很多时候孩子害怕的不是伤痛，而是想象。**

我本人是有一些晕血的，那应该是由于小时候的两段记忆造成的。一是，我被一群"白大褂"合力按在台面上，用一根又大又粗的针管（那个时候医疗器械相对落后）对着我的胳膊抽血，可以想象在一个陌生的环境、一群陌生的人以及一些陌生的行为，对我的身体进行伤害，当然这是为了检查，可是没人对我进行安抚和解释，这对于我的安全感造成了极大的摧毁；二是，我有几次流鼻血的时候，不能及时止血，流得到处都是，这时父母的惊慌措施和言语的不当加深了我对血液的恐惧。虽然现在可以用理性去面对，但是深层次的畏惧依旧存在，并且一直影响着我的行为。

孩子需要的是一种安全感，孩子内心的正确认知是抵抗外部所有信息的强大力量。他起初是不知道这个未知的事情会变得怎么样，但是当他看到我们惊慌的神情的时候，他出于对我们的信任，也会觉得这件事难道这么可怕吗，可怕到使得爸爸妈妈如此紧张？孩子对我们的察言观色是从小就学会了的，我们的紧张神情是逃不过孩子的眼睛的。

"原来这件事这么可怕！那我该怎么办？爸爸妈妈这么紧张，我也好害怕。"

如此下去，他每次流血、每次受伤，哪怕是一点点小伤都会号啕大哭，因为他真的害怕了。

当然，孩子还存在故意发出哭声的行为，这样，他可以吸引我们的注意力，借以我们的关怀释放他委屈的情绪，这也俗称撒娇。

不论怎样，帮助孩子建立正确的认知，教他认识到，遇事沉着冷静地处理，这就是此刻教育的目标。自然教育，对于自然而然发生的事，我们要用正确的行为去影响孩子的认知。对于还没有根植这种紧张经验的孩子来说，要把握时机传输正确的认知，用卢梭的话来说，"向他的头脑中灌输真理，只是为了保证他不在心中装填谬误。"一旦传递了错误的认知，那么要改正它必须付出多倍的努力，我们必须先纠正错误回到原点，然后再向着正面发展。

改变认知的建议方法

对于已经有了这种害怕认知的孩子，包括其他任何不好的认知的时候，要改变这一类认知需要做到两点：

一是慢慢降低紧张感。切勿为了锻炼他的勇敢，而突然对他的伤害不闻不问、漠不关心。突然降低紧张感所带来的反差会让孩子感觉不适，造成感情中断，孩子内心也许就会问自己。

"为什么之前妈妈很紧张，现在妈妈不管不问，难道是因为妈妈不再如以前那样关心我了吗？"

不慌不忙带着感情的安慰是必要的。

"你看这次又是不小心摔伤流血了，可是你这次表现却很勇敢，并没有那么害怕。上次摔伤后的伤也复原了，伤疤也都修复了，所以这并不值得害怕，对不对？"

"这是第三次了，不过没关系，妈妈相信你可以自己爬起来，妈妈陪着你，试一试自己克服？"

可以理解的是，我们总希望通过孩子对自己的依赖满足心灵上的充实，所以总是心疼孩子的摔伤，都想着立刻用宠爱平复孩子的恐惧。但孩子的独立是必然的发展，幼年不教他自己独立，那么依赖的习惯便会滋生发展。

二是坚持耐心的引导。对经验的改变不是一天两天就能见效的，深入到记忆深处的经验已经成型。可以想象一下，一张白纸当我们乱涂乱画之后，再想去作画，是一件很困难的事情了。我们可能无法完全消除既有经验的影响，但重新塑造正确的经验，是可以压制以往的不良经验，因为人始终是要理性思考的，他最终会明白如何选择对自己最好。而重新塑造经验，肯定会是一个漫长的教育过程。

斯宾塞说："成功的孩子都是相似的，而失败的孩子却各有各的原因。"我尝试着定义这种相似性，但是却不愿意用果敢、聪慧、坚毅等词汇定义孩子的成功，这类优秀的词汇太多以至于无法都在一个人身上体现。我更愿意说，从一张白纸开始的时候就尽量画得有条理一些，这些条理就是一些基本的准备。这样，多少张白纸都可以画出"同一幅画"。我更愿意说，让孩子遵从自己的内心，自然地发展。当然，他自然的行为是需要在一定的基本准则下的。要做到这种相似性，就要把握教育的度。**如果自由一点，孩子都有遵从自我的相似性；如果束缚一些，孩子都有被管教的相似性**。教育最大的难点也在于"度"的把握，每个孩子都是独特的，所以没有通用的方法。**但在孩子刚出生的时候，一切都是相同的空白，由此而言孩子的初始经验是尤为重要的，也是最为容易构建的，这是绝对的教育优势**。当孩子长大一些，一般在谬误还未根深蒂固的时候，要改变孩子，就需要慢慢循序渐进地耐心引导。引导的方法有很多，比如，转移注意力，换个环境，多加陪伴，做一些实际而有意义的事情去填充内心的空白等，要让孩子在做这些事情的时候找到存在感。

寻找存在感，虽然对孩子来说，作为学生，学习学科知识上的成功显得意义重大。但有些情况却不一定适合，毕竟孩子起初可能就是因为在学习学科知识上有太大的落后导致信心的缺失。强迫他继续学习学科知识，只会加深他内心的痛苦。若是如此，我们可以选择生活体验，让孩子回归到自然状态，这种自然讲究的是孩子能放飞自我，忘掉之前种种痛苦的状态。自然是最好的老师，孩子自会找到适合他的学习内容，等到孩子内心重拾信心的时候，再引导他如何去学习学科知识。我把这个过程称之为信心重构。这是一种"顺势而为"的理念，如果当前他不想学习，那就最好暂停一下。可以先陪着他玩，建立一定游戏感情后，成为必不可少的游戏伙伴后，慢慢潜移默化地让他按照我们的要求和我们一起去做其他的事，在这些事中融入一些基础知识，帮助孩子重拾信心。但这其中的转变是不能让他知晓的，我们需要做得无声无痕，不能让他以为我们在有意操控他。举个例子，假如孩子在哭闹，爸爸妈妈可以演一出双簧戏：

爸爸："妈妈，你看我们是不是出去玩一玩？"

妈妈："爸爸，我们去哪里玩？"

爸爸："听说有一个不错的游乐场。"

妈妈："那我们要带他去吗？"

爸爸："可是他哭闹的不想出去，还是我们自己去吧。"

我们在表演这些戏的时候，是不要看着孩子的，就算不去看他，我们肯定清楚自己的言语已经转移了孩子的注意力。这种技巧百试不爽。但当确实出现问题的时候，比如，游戏或者网瘾过深，还是建议寻求心理专家的帮助。就像我们在碰到小伤的时候，一般都懂得基础的消毒止血的办法；但遇到伤重的时候，还是需要专业的外科医生通过手术进行治疗。**不可能每个人都会外科手术，而心灵意识的重塑同样需要专业技能，这是心理上的外科手术。**

体验疼痛的大小

幸运的是，大多数时候，我们都只是碰到小的伤害带来的痛苦。**抓住每一次机会，帮助孩子通过一点一滴的小的痛苦经验建立起"吃苦耐劳的韧性"以及"保护自己的安全意识"，这是我们力所能及的事情，也是大自然的要求**。这两个作用是可以同时进行的，经受痛苦历练的同时也是在认识危险本身。这里需要注意的是，"一点一滴，循序渐进"，就是指我们要把控孩子的心理欲望和身体疼痛的范围，而这个范围依赖于我们和孩子双方的忍受程度，这个范围就是"最近发展区"。在孩子小的时候，尽量以自然的困难去制造麻烦。比如，从床上睡觉掉下来，这样的疼痛一般都是在他承受能力范围之内的，这同时也让他认识到"疼痛大小"的经验。

这个疼痛大小是非常有用的。举例来说，我们如何教育孩子认识"电"的危险？我的做法是用打火机里面的电击器。

我还记得第一次用这个东西去电击我家的小朋友，在电击之前，我反复问他，你想试试电击的感觉吗？很显然，他并不知道电击是什么。然后我先做了一个示范，当着他的面电击了我自己，而且面无表情，但我确实感觉到了"痛"。当他确认要尝试后，我电击了他，不出所料，他知道了疼痛与麻痹的感觉。我们都知道，这个电量是不会有多大伤害的。我会紧跟着对他说："这个是'小'电，那个插座里面的可是'大大大'的电！"**对于大小的相对认知他是具备的，他知道大的东西会更加危险，何况是三个大呢**。我就是使用这种方法，让他在一定范围内承受伤害，并得到类似伤害的经验，逐渐提高他对各种危险的认知，让他自己意识到各种危险带来的巨大疼痛感。从那以后，他再也不去尝试触碰家里的电插座。这个时候，你还可以"顺势而为"地演示电和铁之间的关联现象，他会看到一道道细细的闪光，让他具备初步认识电的经验。后续，不管是让他观察对比大自然的电闪雷鸣，还是让他学习物理知识，这都是有好处的。知识从生活中而来，这就是自然教育的理念。

对于孩子来说，过大的疼痛，会造成内心的胆怯。但是若不让孩子受到疼痛，则势必会减弱孩子的受挫能力，同时也会降低孩子面对危险时的反应速度。至于多大的疼痛，也取决于我们自己的忍受范围。一般来说，现在的孩子处于过度的保护中，所以，最佳的办法是在孩子和我们都认可的"最近发展区"进行疼痛的体验。

我们还可以这样看待这个问题，孩子与老人最大的区别是什么？是生命力。所谓的生命力，就是指孩子处于发育成长的高速时期，他的自愈能力是非常高效的，比如一道伤口，在几天内就能愈合而且恢复如初；甚至扭伤了骨头，通过科学的处理也是能快速恢复的。当然，这里就要仁者见仁智者见智了。事实上，我能理解父母的顾虑，即便是我自己，也很难承受孩子受到大的伤害。但是，从"一点一滴"开始是可以接受并且可以执行的。

自然界中有天然的障碍，应借此锻炼孩子的反应能力。比如，在树林中奔跑，前方可能有各种陷阱：有阻挡物，有被遮掩的大坑，有独木桥，有乱石……这些是不可能坐在教室里靠读书锻炼的，也不可能在安全的学校环境碰到的。我们需要把这些经验转换成"脚本"，使之成为固定的神经链路，以形成条件反射，这就是安全的保障。每一次疼痛的碰撞都会加深经验的理解，帮助勇气的提升、帮助信心的建立、帮助身体更具灵活性、帮助大脑协调发展、帮助意识快速思考反应。

　　随着孩子逐渐长大，器官发育完全，他会主动寻求一些刺激。一个实例可以证明，孩子在幼儿时期可能不敢荡秋千，或者不敢摇晃得过于剧烈。部分原因是因为他的小脑平衡可能还未发育到支撑他的失重感，还有部分原因可能是没有这种经验。但当他长大一些之后，他会主动要求去玩这一类刺激的游戏，甚至会让我们把他荡得更高。**这里，我必须说明一点，不要强迫孩子锻炼胆量，孩子如果开始不敢玩滑滑梯或者荡秋千，这个是没有问题的**。此时，绝对禁止对孩子说："你怎么这么胆小，荡秋千都不敢！你看看别的小孩，玩得多开心！他们多勇敢！"有些事，时候到了，自然而然就敢做了，这叫顺其自然，这就是自然教育的理念。如果给孩子足够的时间，从平衡木开始锻炼，积累他的经验和刺激他器官的发育，我毫不怀疑，有一天他会主动接受荡秋千这个运动的，至少我家的小朋友就是这样成长的。

　　所以，当孩子长大一些，我们是可以主动设置挑战任务的。这时，由于孩子天生的探索欲，会激发他的激素，促使他寻找未知与刺激，勇气也随之而来。说到勇气，有一个游戏，我建议最好不要触碰，那就是在黑夜里"躲猫猫"，我一直无法忘怀我家小朋友受到惊吓的那一刻，这对他未来的勇气是一种提前损伤。**"千里之堤溃于蚁穴"，你永远无法知道这样一道小小的暗伤，会带来怎样的后果。**

　　不管孩子是练功夫，还是练舞蹈，或者是练体操，身体的疼痛超出他的极限以至于孩子一边忍住泪水，一边坚持动作规范。**从某个角度来说，父母有多狠心，孩子才能学到多少真功夫。**"严师出高徒"，大概就是这个意思。我们往往能看到锻炼对身体训练的损伤，但是却看不到打骂对孩子大脑造成的伤害。于是，我们总不能狠心让孩子学习武术体育，但却可以对孩子恣意打骂，这是一件令人遗憾的事情。

"天地不仁以万物为刍狗"，当我们狠不下心的时候，时常想想这句话，会有所帮助。孩子所受的伤害对我们而言，必然会心如刀割一般，然而我们多承担一份孩子受到伤害时我们自己感受到的痛苦，便使孩子多了一份独立的力量。

毋庸置疑的是，随着孩子越来越独立，他会变得越来越有勇气，甚至用胆大妄为来形容也不为过。**原因是他对于很多危险是没有认知的，所以在他贸然尝试一些危险事情的时候，并不要无端怪责他。**比如，野泳，如果你跟他讲清楚水的危险，一般是会有效果的。暗流、漩涡，这些很难体验到的自然现象要用科学的方法基于他已有的经验对他讲清楚，这样可以防止最大的危险产生最严重的后果。**对于许多无法体验或者不能体验的痛苦，依赖于一些宣传手段和类比方式，是可以产生一定效果的。**人类一直在努力用各种方式宣传战争带来的痛苦，目的就是为了阻止战争。

爱的治愈

对于所有的疼痛，我们始终要以"爱的力量"来保驾护航。对于摔伤的疼痛，我家的小朋友都是要求抱一抱的，同许多人一样，我也会毫不吝啬地给予。这是宠溺吗？我觉得不是。宠溺是你去责备让他受伤的物体；拥抱是让他得到休憩的机会。同时，拥抱更是让他感受到我们的关爱。孩子与疼痛抗争是很耗费精力的，在我们怀抱中休憩的同时，他会更冷静，我们和他的行为之间如果加上言语的互动，效果就会更佳。人在情绪高昂，不管是愤怒、喜悦，还是伤心的时候，很多话语是听不进去的，抱一抱，可以让他迅速冷静下来。此时，你可以顺势而为地在言语上加以引导，一边抚摸一边说："你比之前更加坚强了，这么快就不哭了。"

值得一提的是，当我们确实有怒火的时候——这个可能谁都把控不住，别忘了怒火之后，去抱一抱孩子，让他感受到我们是因为关心他才发火的。即使他当前不知道这个道理，但孩子有时候希望用抱的方式确认我们已经原谅他了。**不论我们做得如何的不好，孩子总是能第一时间原谅我们，这是孩子对我们的爱，有时我反而迷茫了，到底是我们养育了孩子，还是孩子拯救了我们。**这里，值得一提的是，孩子的这种爱并非是包容心，他只是有着当前的时间观念，不会纠结于过往的错误和不愉快。当眼前的需要足够促动他去道歉时，他会毫不犹豫地说对不起。包容属于道德范畴，包容意味着要损失自己的部分利益，去冲抵对方所犯的过错，就这一点来说，孩子还不具备包容心。不要吝啬和孩子之间的行为互动，有时候这种互动能让你的教育效果深入他的内心，只有"爱的力量"才能做到这一点。目前为止，我觉得这个效果很好，以至于很多时候，他都不需要抱了，这时反而是我本人觉得失落了。

我在前面也提到过，有些父母，可能会赞同说，孩子摔跤了，那就让孩子自己承担苦果，不必去安慰，他们的初心是好的。但是，用斯宾塞的话说，"许多成年人以爱的名义对孩子所犯下的错误，结果却让孩子用一生的痛苦来承担"。**孩子还不懂这种"反向逻辑"——用冷**

淡的态度教孩子记住他所犯下的错，这是一种成人式的因果思维。他不会理解成人的这种用意，也许他以后会懂，可是以后的事谁能说得准呢？此刻的他，只会觉得空虚与无助，没人在意他的疼痛，这是一种悲凉且孤独的感觉。在孩子极度缺乏安全感的时候，只是需要我们的陪伴，而不是他一个人孤独地承受，他还只是一个柔弱的孩子。**把握此刻的时机，进一步增强我们与孩子之间感情的纽带，用拥抱传递爱的情感，这不仅能安抚孩子恐惧的内心，更是增强了彼此的信任，这对后续的教育是非常有益的。**

最后，我们对前面阐述的观点进行统一的总结。痛苦不仅是原始的驱动力，而且还会一直鞭策我们前行。我们需要理解痛苦的含义，并使用合适的方式，锻炼孩子吃苦耐劳的精神。孩子在前行的道路上碰到的困难与挫折，需要我们爱的保护，"爱"是人类唯一的精神力量，但我们也不应该用宠溺让孩子变得盲目。

我们追求的是成功克服困难后获得的那么一点成就感，这种成就感是在付出了艰辛的劳动后获取的，"一分耕耘，一分收获"。**然而就是这么一点成就感却成为了生命奋斗不息的精神支持。**"不经历风雨，如何见到彩虹"，引导孩子感受到那一点点甜头，让他确认这是自己通过努力获取的。**有一天，他会有来自内心的发现，那些曾经他所承受过的苦难终究会成为有意义的踏脚石，自此，未来的未知也就没那么可怕了。**

第六章　科学以用

　　孩子拥有了足够的动力，那么他就有了持续学习的精神能量。孩子在初始教育中学习的具体知识将为他未来的学习夯实基础。那么，孩子应该学习哪些具体的知识以及我们如何理解这些具体的知识呢？本章将做一些阐述供各位读者参考。

知识的类别

　　我把自然教育中的知识，分为两个类别：科学知识和社会文化知识。

　　第一，自然是科学知识的本源，孩子应该在自然中体悟科学现象。自然与人的关系就好比母亲和孩子一般，人类既是被自然所孕育，那么就应该向自然学习，用自然的知识延续种族的发展。

　　第二，社会是人类文化知识的摇篮，如果要学习社会文化知识，我们应该尊重孩子个人的意愿，顺其自然。

　　大部分学者将广义的科学分为三大类，自然科学、社会文化、思维意识，并称"科学三大领域"。自然科学来源于对客观的自然现象的观察与总结；社会文化则是由人类社会发展而沉淀积累的知识；而思维意识，在我看来，指的就是自然教育中强调的思考的能力。

据此所示，从不同的角度对知识的分类大约具有一致性。为了使我们的教育内容更具备操作性，我进一步把三大类知识划分为四大科目：大语文、大艺术、大科学以及大数学。那么，接下来讲一讲，在我的自然教育理念中，这四大科目的作用以及相互之间的关联。

我们必须肯定这个结论：凡是社会知识，必然是多样化的；凡是自然知识，必然是唯一的。

语言是多样化的，每个国家都有自己的语言，即便在一个国家内，也有不同的方言。

历史是多样化的，每个国家演变的历史是不一样的。

地理是多样化的，它虽然是自然的，但不同的气候与风貌造就了不一样的物种与文化；人种的不同，造就了不同的体型，进而促进了不同的体育项目的发展，这无法统一。

审美是多样化的，每个国家对于美的判断是不一样的，由审美衍化出来的美术和音乐，每个人的判断标准是不一样的。一个人喜欢听高音、中音，还是轻音乐，这是和他个人的经验相关的。

政治就更不用讨论了。

唯有自然科学以及数学知识奇迹般地在人类社会中达成了一致。

大语文的作用

大语文中，语言是一种文化工具。从字面意义上看，它包含两层含义，文化和工具。很多时候，我们是渴望知己的，所谓知己就是能够通过言行明白彼此的想法。我们应该尽早成为孩子的知己。事实上，我们很容易成为孩子的知己。这里，我们与孩子之间成为知己的含义是狭隘的，只表示在某些言行上能够互相了解，可以把这种知己理解为单向的。由于长期与孩子生活，可以毫不夸张地说，我们对孩子的一言一行了如指掌，这为我们的教育打下了良好的基础。

我们了解孩子，才知道，在他牙牙学语的时候，他想表达的是什么意思，才会把表达这样含义的语句说给他听，使他明白我们在教他，使他学着我们的语音去交流，这是孩子初始的学习语言的过程。

我们了解孩子，才知道，在他因为词汇缺乏，导致表达的意思模棱两可的时候，怎样去帮助他补充完整的表达内容，使他的词汇和语句逐渐丰满。

我们了解孩子，才知道，在他词不达意的时候，帮助他解释不同词汇之间的差异，并给他解释使用不同词语的场景。比如"稳固"的广泛含义：

对于数学来说，可以是模式与规矩。

对于物理来说，可以是受到各种力都能维持原状。

对于化学来说，可以是惰性、稳定。

对于生物来说，可以是遗传。

对于程序来说，可以是健壮，常量的使用能保证效率以及安全。

对于制造业来说，可以是产品质量的保证。

对于国家来说，可以是和谐安定。

在孩子语言的发育过程中，至少包括发音、表达和理解三个部分。了解这三个部分的功能，有助于把握一些语言的教育时机和理念。

　　对于发音来说，语言和音乐都是一种发音而已。就像不同的音乐器械发出的音色不一样，不同的语言发出的声调也不尽一致，而一种声音对于孩子初始的细胞刺激是很重要的。这就决定了，如果孩子需要学习什么语言，从小开始抓是必要的。孩子从小学习一门语言，不在于教他理解语言的含义，更不是教他理解语言背后的文化，只是促使他形成物理的记忆细胞。这些特定的细胞过了这段增殖时间，是会慢慢减少的。这是科学研究的结果，这是发育决定的，这种物理限制决定了我们必须从孩子出生开始就让他学习语言。至于学习什么语言，就看这种语言在他以后的生活中有什么作用了。

　　对于表达来说，语言作为工具的作用体现在提升信息交流的效率。如果我们去学习一种文化，那么语言确实是一个最有效率的工具，仅此而已。我们可以从中国的文化中发现这个问题，古代的诗词歌赋总是以精炼的字词概况作者深奥的思想。一首诗一首词，仅仅就那么几十个字，却能表达出无限的画面和意境，这些画面和意境兴许可以写成几百乃至几千字的白话文。民国时期白话文和文言文之争，本质上就是关于效率的问题。但是白话文的作用就在于简单、易懂、好学，更适合普及大众，过去并不是每个人都受过文字的教育熏陶，他们可能不会认字、不会写字，但是人与人之间基本的交流却是没有问题的。最有效率的工具往往都具有简单、直白以及机械的属性，婴儿和我们交流的语言，就是最原始的"呀咦哦啊……"这些本没有什么含义的叹词，然而我们却能从这些叹词中尝试着与婴儿交流。

　　对于理解来说，语言是一种文化。每个国家、每个民族、每个地区都有自己独特的文化，这种独特的文化形成了自己的交流方式，所以语言是文化的一种表现。但在教育范围内，语言的文化属性并不重要。重要的是，语言的表达代表了一种思维方式，这种思维方式决定了我们的理解方式。举个简单的例子，对于事实确认的逻辑，英语和中文就有不一样的地方，"You don't happy, do you?"按照中文的习惯"是的，我不高兴"这是肯定对方的提问；按照英文的习惯，"No, I'm not happy."这是站在自己的角度回答。电影《降临》中就凸显了文明与文明之间对于语言的使用特征。我们只有学会了彼此语言的语法，才能知道对方的思维，才能在正确了解对方思维的基础上进行交流，以保持逻辑的一致性，不至于混淆各自的概念。我说上，你以为是下；我说向左，你却向右走，若如此怎么可能互相学习呢？

基于语言是交流的工具这一点，我们来看看语言学习应该注意什么。通常我会注重三点："语种""韵律"和"交流"。

所谓"语种"，就是说如果孩子需要学习第二语言，那么越早越好，不管是事实还是科学研究，都是支持这一点的。我是比较认可当前教育者们在教育大纲上的坚持，这么多年来，不管怎样变化，我们可以看到这样一个事实：自然学科依然需要孩子到一定阶段才能开课，而中文和英语的学习阶段却逐步提前。在我上学的那个年代，十二岁之前是没有英文课程的；现在，各种各样的双语幼儿园应运而生。这就已经说明了教育专家对于语言学习的科学研究也是认可的。一个婴儿放在中文环境能学会汉语，放在英语环境能学会英文，婴儿学习语言的能力已经烙印在基因里。我之前提到过，语言是一种听觉输入，我们要尽早刺激、维持及保留细胞物理上的变化，这种变化包括细胞的发育和数量的增长，错过了这个发育时机那只能是一种遗憾。但是有一点，我需要澄清，我个人觉得学习英语的目的是因为英语国家的科技实力发达，我们要去阅读他们的文献以及学习他们的先进理念，而不是为了工作，不是为了在国外居住，更不是为了考试，更何况考试只是一种手段而不是目的。

所谓"韵律"，我认为没有哪个国家对文字的造诣可以超过中国的古文化。对于古文化，初期只需要感受诗词歌赋中的韵律，通过韵律锻炼"语感"，这种韵律的影响是长期的，如同音乐一般，但它是以文字的形式表现出铿锵节奏之感，这是一般音乐难以做到的。而音乐中的文字歌曲包括乐律和作词，而它的填词也多是从诗词中演化而来。

所谓"交流"，就是多轮对话。包括确认、强化，或帮助孩子澄清他试图表达的含义。很多时候，交流是基于当时环境的一种即时反应性语言。因为是处于具体环境之中，所以可以省略一些指定的事物名词；因为是即时反应的，所以来不及组织严密的语义，说的话具有跳跃性思维的特点，因此表达不够充分。**鉴于此，我们要做的应该是在与孩子交流的过程中缓缓地、慢慢地、有耐心地、一个字一个字地连续表达清楚。这非常重要！**在我看来，这是后续实施高效教育的先决条件！

如果孩子手指一个汽车玩具，却说："我想要这个。"那么我们应该帮助他完成如下事情：

确认——"你是想说你想要这个汽车玩具吗？"

强化——"你想要这个汽车玩具？这个汽车玩具是你想要的？"

澄清——"哦，那你可以说我想要这个汽车玩具。"

我们要尽量引导孩子围绕一个句子展开不同形式的多样对话，也可以围绕这个句子引导出一定范围内的其他关联话题，比如：

爸爸："你想要这个汽车玩具？"

孩子："嗯，是的。"

爸爸："嗯，爸爸觉得这个汽车玩具很好看，你觉得呢？"

孩子："嗯，是的。"

爸爸："那你可以说说这个汽车玩具为什么好看吗？"

孩子："……"（孩子可能还未形成描述一种物体的逻辑方法。所以他回答不出来。）

爸爸："汽车玩具的颜色？汽车玩具的形状？汽车玩具的大小？"

孩子："是的，我喜欢这个汽车玩具的颜色，和我的那个坦克玩具一样的。爸爸，我们那个坦克玩具可厉害了。它还有一个大炮……"

爸爸："我们还在谈论汽车玩具的话题哦。"

一定范围是指，我们需要围绕汽车玩具去交流，而不是转移到其他玩具上面。这个目的是不要让孩子的语言思维过于发散，以至于他都忽视了初始的目标，要让他明白我们在交流过程中需要就一个主题完成交流。

另外，我们也很容易发现孩子在交流的过程中，很难精确描述他心中所想的事物。一是由于孩子本身词汇的缺乏，这个需要引导他慢慢积累学习描绘事物的词汇。二是由于我们在与孩子交流的过程中，会思维跳跃而省略了一些词汇，导致孩子也习惯这样的交流方式。

俗话说，高山流水遇知音。我们会发现知音之间的交流往往通过三言两语就能准确领会对方的含义，而陌生人之间的交流总存在理解上的障碍。我们会理所当然地觉得对方应该知道我所表达的意思，从而不自觉地跳过了一些具体描述的词汇。

"你喜欢这个吧？"与"你喜欢这个形状吧？"这是词汇的省略。

"你喜欢这个颜色吧？"与"你喜欢这个红色吧？"这是泛指与具体的区别。

　　有一天睡觉前，我和小朋友谈论万花筒、光亮以及黑夜，当把灯光熄灭的时候，他说了一句："黑夜里，万花筒和家具没有什么特点。"根据当时的语境和上下文，我猜测他是想说：黑夜里所有的物体都看不见了，那么就看不到区别，所有的物体都是一样的黑色，所以没有了自己的特点。我把我猜测的解释反问了他，问他是不是这个意思，他说是的。同时，我进一步要求他自己复述一遍这个更为具体的解释。不仅是为了锻炼他的语言描述能力，也是为了让他感受如何用语言表达事物之间的逻辑关系。

　　这个小例子的特别之处，还在于，我看到了孩子自己对于世界的认知描述。**我们要有这么一个基础的理念，那就是孩子在自己的知识范围之内，他所说的都是"正确"的，即便他确实认识"错误"了，我们也不必"硬"纠正，而应该建议他怎样去认识。**我们应始终谨记这样一种观点：不应该把孩子的错误当成错误，而应该把错误当成一种通向正确的信息，只有累积了足够多的所谓的错误信息，才有可能看到正确的道路。

　　交流和表达是语言学习最重要的方法。**在我看来，但凡输出的事物才能成为客观事实，从信息离开身体对环境产生影响的那一刻，事实即被确认，我们的所学所用，最后都要落在"用"字上。**我们必须让孩子表达自身的想法。这不仅能让我们清楚孩子当前语言发展的水平，即是否能准确表达自己内心的真实想法，以帮助我们判断如何进行下一步的引导；而且这还是增强孩子自信说话的唯一途径。如果孩子的语言表达不那么顺畅，我们可以教他以肢体语言进行辅助交流，这可以强化他对语言形象表示的理解。

　　近些日子我时常有一个明显的感受：我花了极大的气力，在我家小朋友很小的时候教会他保证信息传达正确的意识，逐渐有了一个良好的结果，那就是我现在能用成人的正常方式和他对话，他能够正确接收我的信息并给予正确的反馈。直至现在，我仍然时常考验他，以确保信息正确传递，让他把我说的话和想表达的意思用他自己的言语表达出来，我发现并没有太多的误差，这令我感到欣慰。

众所周知，学语言最为基础的方法就是"听说读写"。这四种方法互相结合使用，效果最好。听与读是输入型方法，说与写是输出型方法。一种输入方法跟上一种输出方法，那么就形成了一条完整的链路。

给孩子进行简单的阅读，记住，是简单的描述性文字，不是那种很多成语或者俗语的话术，"天上有一朵白云"而不是"天上白云朵朵"，这是打基础，不是写作文。对照图画，不要硬生生地对照文字阅读，而是根据图画内容，用手势边比划边慢慢咀嚼文字。比如，这是一朵白云，然后用手按照书页上的白比划一朵，接着可以"延展"，它是白色的，它的形状有些弯弯曲曲。阅读确实是一件很重要的事情，我自认为我家小朋友语言发展得不错，部分成效就是我通常不会按照书面型的语言读给他听，而是按照解释型的方式读给他理解。

应该注意到的是，我们通常阅读的对象是成型的作品。这种成型是指经过作者思考熔炉的锻造而产生的，这种锻造的过程无形中就增加了阅读的难度，因为你永远不知道作者是经过怎样的深思熟虑之后得出这个结论的，也许是因为他的个人经历，也许是因为当时的环境感情，总之，这种锻造后的成型作品浓缩了其他太多复杂的信息。一部经典著作的诞生，是经过作者多次修改后沉淀而成，它会对一件事情阐述得较为全面，使用的词语精雕细琢，所用的语法符合规则，表达的语义准确，甚至很多文字还包含了作者个人的思想。它就如同被一层层果皮包裹的果实，我们需要抽丝剥茧的努力，才能吃到最后美味的果肉。**基于孩子还没有"剥皮"的能力，那么就应该选择孩子能够直接食用的"果实"**。所以，要选择适合孩子的儿童读物，它里面用到的词语相对简单直白，有利于孩子理解，更容易被孩子所接受，孩子自然就会感兴趣，愿意听。我是比较反对一开始就用古典文学作品对幼儿进行熏陶的，我宁愿用奇幻的儿童故事保持他纯真简单的思想，以简单对简单，维持他阅读和学习的动力。

对于有一定学识的孩子，是可以试一试高级阅读的。高级阅读最重要的是理解作者所要传达的意图，这就需要孩子具备一定的阅历，能够结合自己的经历揣摩作者当时的心境。这种情感的代入有助于孩子的记忆、有助于孩子的人格、有助于孩子的思想的形成。

有助于记忆，源于文字作品引起的情绪共鸣等多方面原因而产生的激素能够固化信息；

有助于人格，如果作者是令人尊敬和仰慕的对象，孩子会被他的人格特质所熏陶，喜欢李白的人有一种豪放不羁的开放性格，喜欢杜甫的人有一种沉郁顿挫的稳重深沉；

有助于思想，是因为体会他人的心境，能够形成代入感，从而换一种角度体会不同的人生感悟。

通常给孩子读完故事或者在他自己阅读完成后，我们应该紧跟上一个询问，问他这篇故事讲的是什么内容？借此机会让他总结一下阅读之后在脑海中留下了哪些印象，这是有必要而且很有意义的。总结是把这一段阅读后所获取的信息，用自己的词汇和经验进行整理的过程。在阅读过程中，由于故事情节跌宕起伏，不同的文字信息刺激了孩子的想象，孩子的情感一直处于兴奋状态，但这种兴奋状态并不是被当前的固定信息所影响，而是被连续的不同情节所感染。所以，虽然所有的阅读信息都被听觉所接受，但随着故事的发展，很多细节还是会被掩盖甚至遗忘——因为记忆资源是有限的。然而，在整个情节中，还是有超出一般刺激的信息"模糊"地留存在记忆中，这些超出一般刺激的信息就是最能引起孩子情感共鸣的特别情节，这与孩子的个体特征是息息相关的。

这种情节要么是基于孩子已有的经验，他对自己已经理解的词汇比较敏感，由此，这些情节很容易关联刺激到他已经存在的记忆细胞，从而听懂故事，引起感情的波动；**要么是给孩子讲故事的人，有意而为之，利用声音、动作、情感制造轻重缓急的语调和有声有色的形象表示，触发孩子的感情，从而帮助他塑造新的细胞记住这些词汇。所以，给孩子读故事，应该饱含激情，把我们想教给孩子的词汇重点突出，这样才能取得教育的效果。**这种情节可能是愉悦、可能是恐惧、可能是成功的激动——我们应该能经常看到故事最后小朋友激动的表现以及兴奋过后红润的脸庞。

我们以"龟兔赛跑"的故事为例，如图 6-1 所示。

这些特别的情节，暂存在脑海中，处于散乱的片段状态。我们需要抓住机会让孩子通过"总结"，把这些片段拼接起来。孩子在连接的过程中，可能把之前被掩盖的信息重新激活，可能用自己的词汇填充因遗忘信息导致的空白，最终简单地复原故事的主干脉络。这根主干脉络就是孩子大脑通过思考"整理"的过程。孩子或是复述一些文字，或是丢失一些文字，或是替换一些文字，如图 6-2 所示。

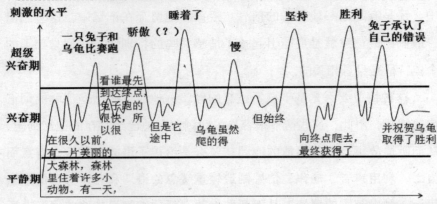

龟兔赛跑的故事：
在很久以前，有一片美丽的大森林，森林里住着许多小动物。有一天，一只兔子和乌龟比赛跑，看谁最先到达终点。兔子跑的很快，所以很骄傲，但是它途中睡着了。乌龟虽然爬的得慢，但始终坚持向终点爬去，最终获得了胜利。兔子承认了自己的错误，并祝贺乌龟取得了胜利。

图 6-1　故事情节（文字）兴奋示意图
孩子可能不明白"骄傲"的词义，但是却能理解它的大概意思。

龟兔赛跑的故事：
在很久很久以前，有一片美丽的大树林。树林里住着许多许多小动物，有一只兔子和乌龟比赛跑看谁最先到达终点。兔子跑的很快，所以很骄傲，但是它途中睡着了。乌龟虽然爬的得慢，但始终坚持向终点爬去，最终获得了胜利。兔子承认了自己的错误，并祝贺乌龟取得了胜利。

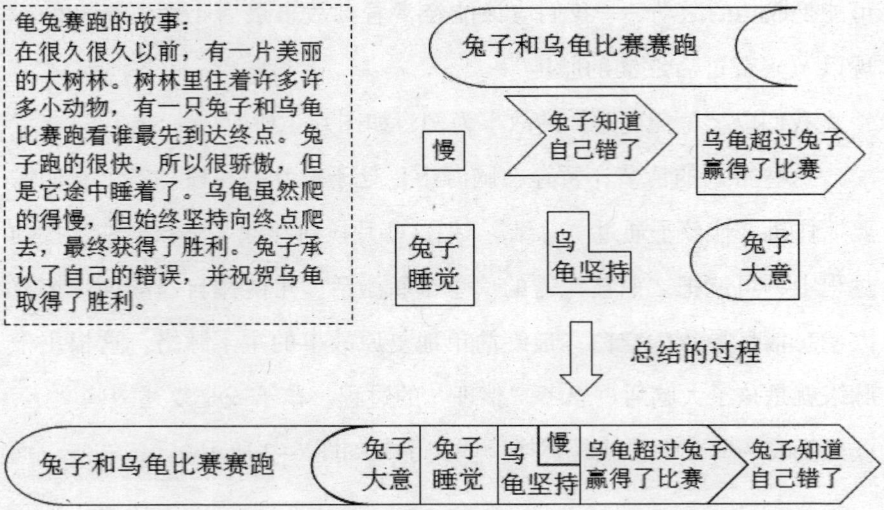

图 6-2　散乱的故事片段拼接过程示意图
最明显的是，孩子用"大意"替代了"骄傲"。

之所以说这个过程是简单的复原，是因为：

首先，对某一个情节不可能一字不差地复述，除非孩子是记忆力超强的天才，有着过目不忘的本领。但是，孩子能用自己的词汇进行一些故事情节的还原，在我看来，是一件非常成功的事情——这反而能说明孩子理解了这个情节的意义，能用相同含义的其他词汇对等地表达。

其次，我们不求孩子能完整地描述整个故事所有的情节。每个孩子对故事的理解，由于经验上的差异，所关注的点不一样，所以他们能记住的情节自然不一样。只要他能表达自己印象中最深刻的那些要点，对任何一个孩子来说，就是一种成功。

这些都是必须值得肯定的事情："你讲得很好，这说明你听懂了这个故事。"如果有条件，那么可以立刻来一场"龟兔赛跑"的游戏，至少我们可以扮演兔子的角色，孩子可以扮演乌龟的角色，通常孩子都是喜欢胜利的一方。

当然，我们也可以直接把作者的思想解释给他听，用一种直白的结合孩子自身经历过的事情去解释这个意义的价值，让他明白这个意义能够给他带来的好处。这是一种自上而下的教育方式，这种方式的目的是预先在他心中种下一颗种子，深耕发芽，待以后的某个时刻开花结果——"原来李白当时的心情是这样的，如今我才有所体会，才能感受他的心情"。我们还可以在他经历许多事情后，读诗而自悟——"杜甫当时的心情应如我那时这般"。

值得一提的是，自我阅读的时候，读出声音是有绝对好处的。孩子能通过自己的耳朵接收自己的语音信息，促成信息的停留，使得上下文的语句连接在一起，得到整体的理解。这在记忆的章节中已经有了详细的描述。同时，这也能在一定程度上屏蔽周围的声响，使得注意力高度集中，学习效率得到提升。

阅读是输入性的方法，是一种锻炼语言的途径，目的是让孩子接触正规的书面词汇。阅读的单向输入性表现在，孩子只需要聆听和记忆，结合自己的理解去构建文字中描述的场景。如果孩子在聆听过程中，无法理解前后语境的含义时，便会触发他提问的机会。这种机会就是教育的时机。交流对话是应用式技术，考验孩子临场快速的反应力，这是一种接受信息、理解信息、输出信息的完整过程。

对话和阅读之后，看图说话也是一个很重要的学习方法。我们可以从看图说话中看出孩子主动表达的方式。在他看到一幅画的时候，哪里是他的关注点；哪里是他还不足以表达到位的地方；哪里需要引导他的表达方式；等等。通过看图说话锻炼他清晰地描述自己眼中看到、心里所想的事物，只要他能清楚地表达出来，语言形式不重要，重要的是我们通过他的表达能确认他心里的事物，并围绕这个事物再进行教育，这就是联结经验。

另外，"说"还有一个重要的现象，就是自言自语。根据科学书籍的论述，这非但没有害处，而且是有好处的现象。我也是这样实践的，从来不会打断孩子独自玩耍时，用左手打右手的游戏，他会帮助"两方"创造剧情和旁白。当你仔细观察时就会发现，他的这种状态相当投入，自身代入了极大的专注力和感情色彩。毋庸置疑，这是大脑充分活动的迹象。每当他进入这种"忘我"的境界，我都会为之而感到高兴，因为他的大脑又可以发育了。

我们应当尽早发展他的言语能力，因为语言是最具效率的交流方式，可以这样看待效率问题。"滚雪球效应""蝴蝶效应""复利效应"，这三个效应阐述的道理就是，一开始的基础决定了后续"雪球"的大小，越早帮助孩子建立基础能力，后面的收益效果越大。简单点说，如果孩子在一岁的时候就已经能听懂我说的简单的话语，那么就可以把我想教给他的知识，通过"这个简单的话语"翻译后，让他感知到。比如学习"1+1=2"这个等式，那么我们最开始可以说："一个苹果，还有一个苹果，你看，是不是有两个苹果了"。如果他在一岁的时候能听懂这种基础的对话，在日后的生活中经常磨炼对这个知识点的使用和理解，那么对于后续使用数学符号"1+1=2"去表达这个话语的意思，自然会水到渠成。

趁热打铁，当他越早学会 1+1=2 的表达意思，那么在后续的生活经验中，就能越早地理解并接受这个基础知识点。如果一个孩子会数数，并且学会了 1+1=2 的表示，理论上，他就应该能自己推理出 2+2 的结果，即 2+2 应该表示成 1+1+1+1，然后再数数，结果就应该是 4 个 1。这里就使用了孩子数数和代入的思维能力，我们就可以看到知识迭代与积累的过程。当他理解这个逻辑后，那么教他加法就是可行的了。他早一天接受理解加法就可以更早地去理解其他相关知识了。这就是时间效率的利用。

当然，绝不能操之过急，我们必须在很多方面耐心地确认他到底理解到哪一个阶段了，是停留在"苹果"这个实物阶段，还是停留在用"1"这个数学符号表达"一个苹果"的数量阶段，抑或是停留在"1+1"的阶段。这需要小心求证，小心呵护。同时，我们必须了解一点，就是有些知识是定理，所谓"1+1=2"，它就是一种假设的结果，这种基础知识在孩子发展合适的阶段越早灌输越好。这并不是提前教学，结合生活常识，讲清楚"翻译"的逻辑，只要能让孩子理解，就是合适的知识，这就是自然教育的理念。

语言的重要性是第一位的，没有语言的支持，教育的效率会大打折扣。可能使用言语仅用一天时间就可以讲授的知识，需要手势用一周的时间才能完成。最后，再次强调的是，对于语言的学习，有三点"禁忌"：

切忌急躁！切忌打断！切忌忽视！

使用多种方式结合，以此来锻炼孩子的语感，当孩子建立了语感，我们会惊奇于他学习语言的能力。至少我有好多次就被惊讶到了，前后语句的顺序逻辑，我从未想过孩子能自然地表达出来。当然，也许作为成人的你，觉得这并没有什么了不起。但是，请记住，他还只是个幼儿。我们教他语言，就是让他掌握最有效率的基础学习工具，这是必备的，这就是大语文的学习目标。

大艺术的作用

大艺术，是一种主观的文化熏陶。亚里士多德肯定艺术的实质，认为诗人、艺术家们应该模仿现实，为艺术而艺术，通过作品引起人们内心的悲伤和恐惧就是艺术达到的成功。

艺术是语言的一种补充，虽然艺术包含了众多活动，但我觉得大艺术中比较重要的活动，有音乐、美术和运动。这其中，美术包括绘画、设计和雕塑；运动是包括舞蹈在内的其他身体活动。每一种知识都有其存在的意义，我们可以把艺术当作一种兴趣爱好，也可以作为一种技术本领。**但我更想强调的是，艺术的作用在于释放自己的负面**

情绪，加深情境记忆，以及调动自己的情感产生共鸣以寻找灵感等，由此使得大脑信息传达的路径通畅，犹如醍醐灌顶一般舒畅。

我们都知道物理学中的共振原理，共振是能量积累过程的结果。简单点说，就是发出频率的物体 A 不断做功，调动被频率影响的物体 B，物体 B 吸收物体 A 的做功，自己便达到了一定振动幅度，这个幅度不断积累增加，最终达到共振的现象。**不同的艺术形式偏重于不同的技巧，找到一种合适的艺术，让自己情感产生共鸣，在共鸣共振中，调动自己的情绪、调动自己的身体、调动自己的思维，如沐春风，世界围绕我的意识而旋转。此时，你的情感幅度是可以超越当前层次，以达到超然的境界。**

艺术中的音乐形式，包含了多种信息：音调、音色、音量、节奏以及旋律等。相同的节奏和旋律的重复性反复刺激着大脑，从而使大脑对相似的结构记忆深刻。我们很多时候无意识地"哼歌"可能就是潜意识受到外界某种相同结构的音律所引起的反应。不管音乐对大脑的影响机理是什么，基于核磁共振和正子放射断层扫描仪等设备的科学研究表明，当我们聆听音乐的时候，大脑中的多个区域会被同时刺激，就好像烟花在夜空处处绽放一般。这是一种锻炼全脑的有效手段。

音乐释放情绪的作用在于调节身心的平衡状态，从而去除一些负面的心情。我们可以让孩子习惯以及培养他对一种音乐形式的爱好，让他在自己的爱好中放松身心，享受愉悦。我一直相信，在我们释放负面情感的过程中，那些阻碍信息传递的物质会被一扫而空，思路由此变得通达，此时总会涌现出一些奇思妙想，这也是为什么科学家都喜欢用爱好去舒缓大脑的原因。在世界各个领域的科学家中有众多的音乐爱好者，而这并非偶然。他们钟爱音乐，并且相信音乐在无意识地影响着他们的科研创举。

大数学家拉格朗日，在意大利都灵的圣保教堂聆听圣乐时，萌发了求积分极值的变分法念头；德国物理学家海森堡，由于受音乐理论中泛音振动的频率是基音振动的整倍数的启发，做出了原子跃迁的基频与次频的实验；英国化学家纽兰兹受到音阶的启示而发现了原子递增的规律，从而创造了"八音律"表；物理学巨擘"相对论"的开创者爱因斯坦和"量子论"的开创者普朗克的小提琴与钢琴二重奏已成为科学界的美谈。

可是，这些科学家并不一定擅长音乐，爱因斯坦的小提琴弹奏就不怎么好。音乐艺术可以影响科学的创新：艺术既是工作的调味剂，也是工作创新的灵感所在。音乐不但不会阻碍科学的研究，反而能给予科学更多创造的养分。音乐对科学家们的一生有着莫大的帮助，不论是面对生活中的艰难困苦，还是对科研学术的启迪，音乐艺术都发挥着重要的作用。

音乐调动情绪的作用在于加深情境记忆。这与我们喜欢在克服困难时喊口号以求激励自己是一个道理。军人锻炼时的口号就可以体现出这个特点。还有运动场上的啦啦队的呼喊也能帮助自己的球队激发潜力。

音乐可分为多个档次，就像光谱的连续性一样，我们总能找到自己的频率。用音乐刺激孩子的内分泌系统，让孩子的身体状态达到最佳，这是有利于学习的。训育，让孩子的身心状态达到学习的理想条件，赫尔巴特在《普通心理学》中非常重视训育的作用，而现在，我们在用科学的方法创造这个条件。对于音乐的学习，我不擅长，但学习一种知识的方法是通用的，同时，我也读过一些专家的意见，在这里，仅从我对学习理解的角度描述一下对于音乐的学习建议。

以学钢琴这件事来说，我们可以看到现在很多人喜欢学钢琴，他们认为钢琴是"乐器之王"，由于他们总认为学习应该从最高端的乐器入手，故而必须从钢琴开始学习。钢琴有没有这么厉害我不知道，但如果确实这样厉害，那么我认为钢琴只适合天才儿童去学了。这个意思是指，我觉得很少有孩子能发挥钢琴的全部价值，甚至微乎其微的功能都难以表现。他们可能被钢琴的称谓所吸引；可能被他人弹奏的风采所迷惑；可能幻想自己学一学就能变成那样的钢琴家。但最后实践起来，却发现并不是原来想得那样。这样，到底是孩子驾驭钢琴呢？还是钢琴牵着孩子的鼻子呢？

那应该如何学习钢琴呢？首先得承认钢琴只是一种乐器，只是一种学习音乐的工具。那到底是先通过工具去了解音乐本身，还是先去聆听各种声音再去接触工具呢？我们可以这样考虑，乐器有很多，发音各不相同，我们应该给孩子充足的时间去感受生活的经验，让他自己选择自己爱听的音调，以此来判断哪种乐器的声音与他最能产生共鸣。音乐的学习步骤也是应该考虑的，应从乐理开始学习。据悉，中国古代音乐是从"宫商角徵羽"开始的。那么，我要说的是，这五个音符的排列组合，就已经非常丰富了，而且比较容易被记忆掌握。遵循一套音律的规范，也许就可以做出一首简单的曲谱，这可以是在孩子能力范围之内的事情。我们可以用钢琴作为最终的目标，用钢琴的独特效果吸引孩子的注意和兴趣，然后教他从基础开始练习，只有基础变得扎实，才可以开始练习钢琴。

举个例子，就学习少林功夫来说，师傅展示了高深的武艺，很多人慕名而来求师学习，但师傅并不直接讲授招式，而是让他们挑水砍柴，先从这些基础的劳动开始，高深的武功只是一个目标和期望的最终动力。这里面的道理不用细说，我们应该也是能有所体会的。回到"宫商角徵羽"，当孩子把这几个音符运用得炉火纯青的时候，再加入其他音符，这个时候，他会发现这里面的玄妙，就是能扩展和实现他更多的想法，比如他的很多创意需要六个甚至更多音符去支撑，那么，这个工具就是适合他的，他可以尝试更多的组合，同时也在慢慢建立起他的思考和自信。以此类推，最后把"天下第一秘籍"钢琴摆在他的面前时，他应该是兴奋得不能自已，总是想跃跃欲试。所以，这里的总体意思是，起初需要寻找适合孩子能力范围之内的工具，去实践知识的学习；当不断进阶之后，总有一天是可以达到他应该能达到的高度。知识的学习，只能是循序渐进、自下而上的去学。

艺术中的美术与审美息息相关，凡是审美都是一种个人经验的取向。如同我们之前对语言的理解一样，应该把美术视为一种对事物理解性的输出。西方和东方的画家在作画的方式、方法上是完全不一样的，毕加索和齐白石就是同一个时期的对比。画作如若没有融入思想感情，也就是描摹而已，只有融合自己思想的画作才算得上创作，哪怕在别人看来这算不上画画，即使别人不承认他的审美，我觉得也是成功的。临摹的目的在于锻炼技巧，这种技巧仅仅只是一种作画方法，锻炼技巧的目的在于日后能更精确地表达自己的思想。不同的技巧具有不同的功能，不同的功能代表不同的意义。所以，你所能掌握的技巧越多，就有越多的途径来表达你内心真实的精细的想法，这种表达就会显得更加准确和清晰。这也如同语言一样，你掌握的形容词和语法越多，**对同一个意思就能表达出不同的话语，这些话语就能触动不同人的内心。**

如果想通过美术引起人们内心的悲伤和恐惧，我们就要了解这个被引起人们的经验层次是怎样的，我们应该用怎样的工具触达到他们的经验，由此形成一种无形的通道。**我把这个无形的通道称为经验通路，这样可以形成持续的意识联结，才能进一步把信息源源不断地传输给对方，以求经验的共鸣。**建立这种经验通路所使用的工具，就是这些绘画的技巧。比如，画一个鸡蛋。为什么说画鸡蛋？我记得有一位画家，就是小时候不停地画鸡蛋，最后成就了自己。那么，要怎么去画这个鸡蛋才能最真实地反应这个鸡蛋以及鸡蛋与周围环境的联系？你可以画一个椭圆，也可以画一个圆，你可以画成平面，还可以画出光影……这些就是作画的技巧。

美术的另一种作用在于，我们能通过画作看出孩子一些观察力的端倪。模糊、精确、抽象，这是三个成长的阶段。起初，我们看到孩童的绘画只能大致猜出他画的是什么，虽然我经常猜错；但随着他的观察力提高，能够注意细节特点的时候，画出的画就能接近本体的特征；至于抽象，那是画师的独特功底。我们暂时只需要孩子的画作能够尽量还原实物即可，这是对他观察力的一种锻炼和验证方法。

我家小朋友五岁半的画作，如图 6-3 所示，完全由他自己乘兴独立创作。对称的使用，各种形状的组合，三种机器人的差异特点相互之间形成鲜明的对比。我很喜欢这幅画，然而这幅画只是让我感觉印象深刻，仅此而已，但印象深刻就表示它在某个方面触动了我的神经，所以我觉得这已经足够成功了。我把这幅画装好并挂在了墙上，期待他后续的画作。

图6-3 装甲机器人

音乐和美术确实是比较好的教育工具。我们还可以看到的是，不管是音乐中对于节奏规律的学习还是对于音符组合排列的使用；不管是美术中对于物体形状的描绘还是对于三维空间的把握，这些同时体现了数学思维的作用。从本质上来说，这些知识都是基于人类的认知水平来抽象表达自然的方式。抽象具有寻找事物之间相同本质的能力，能够洞穿表象发现问题的能力，这是一种纯粹的思维表达方式。抽象与建模也许是我们寻求的终极实践能力。

大艺术里面关于体育的作用，已经在前面多次强调，这里就不再赘述。

其实，任何一个人都能讲出艺术的好处，毕竟这好处确实是存在的。但是，我们的目标可能不一样，有些人可能仅仅停留于讲授技能，他们只要求孩子掌握这些绘画技巧，或者能弹奏钢琴就行。而我的目标很明确，就是利用这些特定的作用，帮助孩子寻找自己的特质，当然，还有更高层次的作用在于感受数学思维。我们并不需要强迫孩子学习这些内容，而是想让他自然而然地喜欢做这些事情。如果孩子起初表现出对于这些内容感兴趣而到最后变得抗拒，可能的原因在于教孩子的一些人是为了某种功利性的目的，强迫孩子按照他们的意志达到某种效果，这些效果是用于奉承那些具有虚荣心的父母，就好像"皇帝的新衣"那般，所以，他们未必能意识到孩子自身的真实需求；而我们是为了让孩子学到有用的知识，由此我们需要引导孩子发现这里面的快乐，随心而为。一切艺术的教育应该都是为了孩子自身的成长，而不是为了某种功利性的目标。其实，在这自然而然的过程中，也许孩子的成就无意间达到了他们的那种功利性期望，这可能就是自然教育的魅力之一。

大科学的作用

大科学的目标在于感悟自然。我们本来就是自然教育，所有科学知识的本源来自于自然，所以，我们需要利用自然教育的优势，感受一些自然现象。

我们不说让孩子去学习研究自然现象的原理，更不说直接把定律灌输给孩子，只是观察触碰自然现象，给他以足够的经验积累，让他在日后的学堂之中，能加深对理论知识的理解。生命的成长、物理的现象、化学的变化，通过一系列的设计引导孩子完成对自然的感悟。自然科学从自然中来，我所期望的就是尽量去接触不同的自然现象，以求获得最大的经验范围。

身体力行使得经验通过实体的接触变得精确而全面，我们对知识的感触和记忆越深刻，那么我们的创新材料就会越广泛。我依稀记得有一种哲学说过，我们的经验跳不出我们所接触的所有经验。这是有一定道理的，回看人类取得的所有科学成就，都是既有自然现象的复刻。所有的理论研究也比不过最真实的自然，"师法自然"大概就是这个道理。

超越自然，我觉得不太可能。但如果这样就认为人类的经验都已经是相同的，经验范围也都不再扩大，从此觉得人类无法超越现在的成就，故而再去实际体验并没有作用，那么，我觉得大可不必这样气馁。这里有两点客观的原因：

其一，因为每个人自身的"思维意识"是不同的。就算是同一个人，他的思维逻辑也是在每时每刻变化着的。这就是说，同一种经验经过一个人自身思维意识的融合，它是能孵化出不同结果的，这就是创造力的体现，这就是个人的主观能动性的作用。

其二，一个人是很难遍历所有经验的。很多人穷其一生也体会不到登上珠穆朗玛峰的经验，假设有一个人能集合人类所有的经验，然后再去加工这些经验，我们的成就数量可能就会增加好几倍。正是由于时间（指人类的寿命）和空间（指脑的记忆容量）的限制，恐怕也只有寄托于人工智能去创造奇迹。既然没有人能遍历所有的经验，那我们总可以汇集与他人不同的经验。这样，一个人不同的经验组合经过思维的处理总能得出一些不同的结果。

所以，关键在于，没有人知道孩子的终点在哪里。我们需要坚定地认可积极教育的意义，努力使孩子尽可能拥有最多的经验并锻炼他独有的思维方式，这样总可以做出一点特别的事情。如果这件特别的事情偶然为人类做出了一点贡献，那自然是再好不过的结果。虽然，这只是一种最高的期望，但只要有实现的可能性，那么我们就应该不遗余力地尝试。

所以，我们需要帮助孩子获得最多的经验，这些经验都是创造的材料，这些经验就是自然的经验，这些经验越多越好，越深刻越独特。"越多"意味着行万里路，"越深刻"意味着身体力行。自然经验必须亲身体悟自然，这是自然教育所推崇的方式。

科学知识带给人类生活环境的变化，已经了然于眼前，并时时刻刻都在发生新的作用。"取之于自然而用之于自然"，我们从自然中获取的知识，才能反作用于自然，如此让我们的生活变得更加美好。

大数学的作用

我们刚刚提到了"思维意识"。对于这方面的锻炼，我们要从"大数学"着手。数学是人类描绘自然的语言，是我们认识自然改造自然的唯一工具。我想我的教育最多只能去给孩子讲授这唯一不变的标准。那些变化的多样化的知识，就让他自己去感悟吧。此所谓"数学是唯一，其他由自己"。

数学的学习，并不局限于对数学知识的掌握，而更应该感受数学的思维方式，它是一种纯粹的逻辑抽象体现，使用数字和符号以及转换关系来表达信息之间的联系。我时常惊叹于这种表达方式能够精确地表述问题，并能通过合适的思维解决问题。当我们碰到不确定的事情时，概率论往往教会我们先寻找事物不变的特性，以不变应万变；当我们看到数列递增的规律时，要懂得找出正确的方向，"对于一艘没有航向的船来说，任何方向的风都是逆风"；当大多数人随波逐流的时候，逆向思考也许会产生新的契机，"反其道而行之"。现代科技带来的生活的变化确实归功于基础的数学理论，人类发明的数学的这种表达方式确实改造了自然。锻炼数学思维也许正是我们教育孩子思考的最佳方式。

数学是如何成为自然的语言呢？有四个步骤提供参考：发现、假设、证明、应用。

原始的数学概念：数论中的 1、几何中的点、代数中的变元，对其我们很难给出严密的定义。

有了原始的数学概念，我们再假定它们之间满足某些不证自明的数量和逻辑关系，也就是假定某些公理成立。

基于假定的公理，我们可以利用形式演算和逻辑推理规则严格地证明、导出新的数量和逻辑关系，即性质和定理。数学研究的中心内容就是处理数学符号和符号关系式，解决有关它们的演算、证明和推理问题。

应用是数学重要性的体现：我们生存在自然之中，改造自然才能保证我们生活得更好，而数学是改造自然的唯一工具。其他主观知识都是人类文化沉淀的结果，比如音乐和画画都是与个人特点相关的，它们的作用在于调节人自身的情感，对自然并没有什么直接的实践影响。我们已经体会到了，建立在数学基础上的科技力量带给人类物质的变化，这是我们正在经历的真实体验，这是毋庸置疑的事实。

曾经偶读了"高斯绝妙定理"，这个定理讲的是曲率。我们以这个定理为具体的实例，按照上面的步骤，大概描述如下：

发现，我们在生活中看到不同的曲线，对于曲线的弯曲程度好奇，并为它建造了一个量化的描述模型即曲率。

假设，很多大数学家以自身的名字命名，定义了很多规则。这说明了人类主观知识对客观世界的描述方法。

证明，这些大数学家又用这些定义，对曲率进行了深入研究和证明。在证明了很多定义是正确的之后即产生了定理。

应用，我们可以根据定理，容易且快速地判断一个事物，比如，什么样的立体构造能展开成一个平面。

这是一个很直观的例子，数学怎样描述自然的过程便可见一斑。

学习数学应该从"一个苹果和一个苹果，这里有两个苹果"开始，把这个实际的场景抽象出来，用符号表达就是"1+1=2"。

曾经有人总结了三个基本知识，以此代表目前人类所有的文明精髓。这三个知识分别是：

1+1=2，代表了数学文明；

熵的定义 $S = -\sum_i Pi \ln Pi$，能量流动规律，能量是生命的基础；

爱因斯坦的质能方程 $E = mc^2$；

从这个例子中，可以看到"1+1=2"这个看似最简单的知识点的伟大意义。我们必须认清楚最根本的知识，再由这个知识产生所有的教育目标。这个知识是基础的核，是无可替代的，是我们必须烙印在孩子脑海中的。我们首先需要感受这里面的思想——为什么这些知识最重要，然后才能被这种思想所熏陶，才能引起孩子的重视。这是我所宣导的教育目标，我会去实现这个目标。这个意思就是"数学"是唯一不变的，我们能教这种不变的知识；艺术都是个人被文化熏陶的结果，具有独特性，甚至具有时代性，我们未必能教这种变化的知识。讲授不变的知识是一件容易的事情；讲授变化的知识可就不那么容易了。我们大概会说，谁都能讲授"1+1=2"这种知识。不错，大家都能记住这个知识。但是却不一定能感受到它"翻译"的伟大性，这种伟大性的发明指的是一种"数学思维"，把实际的物质用数学思维抽象描述，用符号代替复杂的现象和变量，并用数学模式表示出来，最后形成统一的标准。

基础知识经过多少代人的层层封装，成就了当前丰富多彩的知识库，以至于我们再也无法感知到它那被创造时刻的伟大。大多数问题的困难不在于这个问题有多高深，而在于这个问题复杂度，是指多种知识的杂糅。对于孩子来说，他需要学会分析能力，对复杂问题进行披沙拣金、去伪存真，最后分解成更为基础的多个问题，每个基础问题再用对应的基础知识去解决。如果孩子还不会解决这些基础问题，那么只能说明这个问题分析的颗粒度依然还未达到孩子已具备的知识水平。

数学思维，就是我所认为的，初始教育的核心目标。大语文、大艺术、大科学都可以为这一具体的目标服务。怎么说呢？语文是提高交流效率，那么我必须通过合适的话术，让孩子理解我想跟他解释的原理；艺术虽然是用来熏陶自己、调节自己的，但同时艺术中也包含了很多数学思维，音乐的节奏模型、美术的空间对称等，而运动为思考储备足够的体能；自然科学更不必说，如果无法运用数学解决科学问题，自然科学很难有更深远的成就。麦克斯韦说过，"我最重要的工作是把法拉第的物理观点用数学表达出来。"爱因斯坦发表的《广义相对论和引力理论刚要》，数学部分是由格罗斯曼撰写。

虽然我们不必以科学家作为孩子的梦想。但是，我们可以把数学知识及思维运用于生活，以求学有所用，有用就是学习的最大动力，比如物理测量，化学元素周期表的规律，蜂巢六边形的精美，等等。**我所惊叹的数学更是有一种神奇的作用，通过数学建模与大数据的输入，将能够预测未来，天气预报就是这种探索应用，这是多么巨大的力量。**

数学的重要性，想必读者都不会有疑义。但究竟如何培养孩子的数学特质，可探讨的空间依旧很大。这里，基于自然教育的理念，对于数学的实践性学习，提出一个思路仅供读者参考：

第一阶段，需要掌握基础的数学核心概念。这里举一个常用的概念列表：数数、数感、数运算、集合、模式、测量、数据分析、空间关系以及图形。

第二阶段，需要进行各种思维的训练。思维的分类就比较多了，之前也有提到，这里就不再一一列举了。每一种思维就是一种思考模式，在这种模式下，输入知识，就能得到一种结果。

第三阶段，基于前面两点的学习，尝试描述生活中的物质。结合身边的事物，使知识得到应用，有助于知识更好地理解和发展。

前面三个阶段已经可以帮助大多数孩子通过实践的方式学习和理解数学的知识。

第四阶段，我选择使用编程作为数学"实践"的长期工具。**计算机带给人类的变化已经成为了事实，而计算机的本质就是数学模型及算法，它本身就是数学实践的成果。因为数学过于抽象，很难在孩子这个阶段找到应用的场景，自然教育注重的是知识的有用性，让孩子通过计算机的实践，感受数学的力量，将是一件令人兴奋的事情。**

记得之前看过一篇文章，讲的是马术如何培养孩子的交际能力。大体的意思是教孩子如何用人类细腻的情感和耐心驯服一匹野性十足的马匹。这是值得惊叹的教育：如果孩子都能驾驭一匹具有兽性的野马，又何愁他不能与具有"理性"的人共处！

同样，面对计算机，我们也可以如此比较。用人类思维的力量赋予冰冷机器以灵魂。这几乎可以作为一个创造生命的奇迹。我们自己学习知识相对来说，并不困难，难的是如何把这种高深的知识转化为对方能理解的方式并正确传递出来。这有点儿像翻译的过程。可无论如何，要教一堆没有生命的钢铁学会人类的语言，确实是一件困难的事情，但却是一件有趣的事情。

任何知识，存在即合理，存在就有学习的途径，它不可能是空中花园，也不可能是无基之塔。既然有攀登的途径，那么就可以一步一步踏路而上。

给予孩子"思维"这件工具

回到三大知识领域：自然科学、社会文化、思维意识，我们的重心是通过前两个知识体系来锻炼"思维意识"。

知识的种类和数量是无穷无尽的，我们应该努力引导孩子掌握"认识知识的知识"，这称之为"元知识"。焦虑的父母只看重知识，认为学得越多越好；镇定的父母教孩子"元知识"，靠他自己去学习，此所谓"授之以鱼不如授之以渔"。

也许我们都知道这句话的意思，但未必真正知道如何去做。"授之以渔"，这里面的关键问题在于，不是让孩子单纯地模仿捕鱼行为，而是让孩子自己思考这个动作产生的意义。那么，怎样才能引导孩子自己思考呢？

　　我认为，一件事首先必须有一个可扩展的思考空间，其次是给孩子留出思考的时间，这是教育者需要做到的事情。没有思考空间那么也要制造思考空间！

　　倘若一件事都没有思考的空间，那我们能指望孩子思考什么呢？就像房间这么小，一眼看见全部，还有什么可以活动探索的呢？不如躺下睡觉。但如果给孩子打开一扇门，让他看看外面的世界，他肯定是兴奋地跳起来，然后冲出去。又比如我们教时钟，如果机械地讲授时钟知识，只需要告诉孩子一天是 24 小时，那孩子也就只能这样被牵着鼻子死记硬背。在我还是学生年代的时候，我最害怕的就是老师拖沓冗长地照本宣科式的教学。

　　孩子不思考，那么意识（不是指前意识和潜意识，具体可阅读《释梦》）就不用能量，意识没有能量，自然就会发困地一直打哈欠。想让孩子思考，但是却又不给他思考的空间，我们能责怪孩子什么呢？由此看来，很多知识，并不是孩子不愿意思考，而是我们未曾给到孩子思考的点。

　　由事物变化引起的差异而提出的问题，是最好的导火索。我们需要提前预备一些差异性的问题，以此来诱导孩子进行思考。没错！我确实想引诱孩子尝到思考的甜头。这恐怕是唯一一件我会引诱他去做的事情。

　　时钟的本质是计数，认识时钟其实是一件难度很高的事情，我们墨守成规的形式一般是一天 24 小时，时钟只表示 12 个小时，转两圈为一天。当然，直接给孩子灌输时钟的知识是可以成功的，但孩子会觉得枯燥乏味。此时，我们应该抛出问题，引起孩子的好奇心。

"为什么一天是 24 小时呢？"

当然，孩子肯定是无法回答的，我们的目标不过是明知道他不知道，而使用他不知道的这种不安全感吸引他的注意罢了。

"因为人类规定一天表示地球自转一周。地球自转一周是 24 小时。"

关键问题是，这种约定成俗的规则只是一种规定而已。所以，为了孩子思维的灵活性，我们可以教他规定为 48 小时。如果换成用 48 小时来表示，时钟该怎么画？又为什么一定要画圆，如果画成了线性，孩子还能读出时间吗？

如果知识只是换了一件"衣服"，改变了外貌和形式，孩子还能具备读出时间的能力吗？这如同孩子在做应用题的时候，同一个知识点，用不同的叙述方式，结果他就做不出来了。所以，知识不能只看表象，重要的是思考。钟表的意义并不是让你知道现在几点了，它只是用来计数的工具。

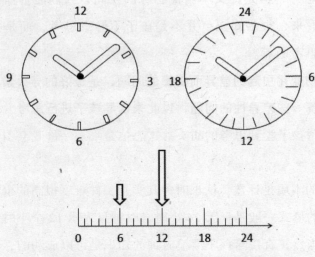

图 6-4　灵活思考时钟表示形式的示意图

　　孩子最初都是看不出差别的。对于一个简答的知识，每个孩子好像都是会的，但慢慢地就有了思想和语言表达的差距，这是一种内在的本质差异。思想基础决定了上层知识的广度和深度，随着时间的推移，孩子之间的差距就逐步显现出来了。每一件事，都有它存在的价值，要引导孩子发现这件事的价值所在，就好像一部车有千万个零件，每一个零件都有着自己独特的作用，那么就需要让孩子思考为什么要在这里放一个"钉子"？

　　要回答这个问题，我们需要先认识钉子。钉子的样式是什么？一头尖一头平，尖头是作用点，而平头是打击点。那钉子的作用是什么？钉子的作用是连接。连接的含义是把两节不相关的物体组合成一个物体。这种组合方式有两种，一种是"两点固定原理"，它可以使两个物体相互固定在一起，这样它们所有的状态都是一致的，于是可以视为一个整体，只不过它的重量或者形状发生了变化；另一种是"单点可旋转"方法，这种连接方式，可以让两件物体相对旋转运动，这种方式可以有多种功能，比如制作成连杆或者杠杆。所以，在这里放置一个钉子起到连接作用，至于这种连接作用到底是为了什么功能，可以根据实际情况判断。钉子可以和其他物体一起组合成某一种物件，我们还可以把这种物件视为一个具有某种特定功能的最小模块。再把这种最小模块作为更大功能模块的组件。认识各种组件的功能，灵活组装这些组件，制造出具有更多功能的组件。由此自下而上地分析相关联的事物。如此教会孩子认识和使用一件物体，这是一种可参考的锻炼孩子思维过程的教育思路。

　　由上面的论述，我们可以看到这些知识是有用的。基于有用性这一点，我认为知识的含义应该更为广泛一些，不能局限于学校规定的一些学习科目。正因为知识太多太杂，学校也不能讲授方方面面，只能选择讲授当前最为迫切、最需要普及的知识。

学习知识是肯定需要的，所有被我们接受的信息经过思考的锻造后都应该称之为知识。那么，我们所要做的就是灌输给孩子一种意识——"只有学好了知识，才能玩得更好"。我们只要仔细观察，就会发现，幼儿刚开始就是随意地玩，他不追求质量，就想着怎么把沙子堆得高高的，而不是搭建的有型，他认为高就是最好的，这是由于他的经验所限。逐渐的，当他发现坦克的大炮很厉害的时候，突然觉得沙堆上有一个大炮也会很厉害，于是就加了一根树枝。我们也可以在旁加以引导，告诉他坦克还可以移动，他会觉得移动很有用，于是又在沙堆底部加上圆滚滚的石头。如此我们就引导他完成了学习知识并使用知识的过程。在他完成作品后，需要明确告诉他，这是他"学习"了有关坦克的知识后做到的，让他从心里种下"学习知识"的种子，这可以被称之为记忆植入。

"向他的头脑中灌输真理，只是为了保证他不在心中装填谬误。"

我始终都在贯彻执行这句话，只要是能够通过学习，让他觉得有进步的过程，都应该明确让他知道这是因为他学习了知识的缘故。

"你能够听懂动画片说的话，那是因为你学习了语言知识。"

"你能够跑得比小朋友快，那是因为你锻炼了体力知识。"

"你能够买玩具，那是因为你运用了数学知识。"

我们不仅要说给孩子听，更是要做给他看。行动永远是最有效的教育方法。对于做什么的问题，之前我也提到过，那就是做我们擅长的事。子承父业是社会里较为常见的选择，这是一种高效的传承，这证实了一种有用的知识是可以只通过父母讲授的。但若真要改换门庭，那么先通过我们自己擅长的事让孩子学会"学习"这件事，便能磨刀不误砍柴工。

我并不反对孩子学习多方面的知识，反而赞成增加他的知识面的广度。但是这里却有个前提条件，这个条件就是孩子具备了思考的基础能力。知识的广度在于元知识的独特性、在于知识变换形式的多样性。独特性加上多样性，经过思考的融合，产生新的知识，这就叫作创新。我所定义的创新更为广义和易于操作，通过对某种知识形式不停地学习，究其原理，再用这个原理套上其他的知识形式，如此，就能产生创新的事物。

自然教育不会决定孩子应该学习什么，也不决定孩子以后成为什么，而是教孩子做他自己想做的事，然后给他工具，让他使用这个工具努力成就自己。

第七章　文化以养

《礼记·大学》有曰："古之欲明明德于天下者，先治其国；欲治其国者，先齐其家；欲齐其家者，先修其身；欲修其身者，先正其心；欲正其心者，先诚其意；欲诚其意者，先致其知，致知在格物。物格而后知至，知至而后意诚，意诚而后心正，心正而后身修，身修而后家齐，家齐而后国治，国治而后天下平。"

人与自己

在最终成就自己的道路上来说，目前我只阐述了一半，那就是自然知识应该如何去学的问题。**如果我们最低的期望是孩子学会生存的劳动技能，我想这一半应该已经够用了，这一半其实也是最容易教的，因为自然知识是什么它就是什么，谁都不会教错。**

而另一半的教育，会决定每个人的差异。

这另一半的教育，以"养"为主，所谓修身养性。

由此，格物致知、修身养性，是谓教育之全面目标。

我们促使孩子吃苦耐劳，以培养他坚忍不拔的意志。

我们鼓励孩子探索未知，以培养他无所畏惧的勇气。

我们引导孩子自己解决问题，以培养他踌躇满志的自信。

我们说到做到的榜样，以培养他恪守不违的真诚。

我们与孩子一起面对挫折，以培养他百折不挠的刚毅。

我们常常面带微笑，以培养他积极向上的乐观。

……

这些优良品质总是令人期待的，我们都希望自己的孩子充满朝阳的气质。可是，我们拿什么去培养孩子的这些品质呢？

一般来说，知识是学懂了就会，学不懂就不会。而修身养性是学不学都是一种即时的结果。碰到困难或是放弃，或是坚持；碰到疼痛或是哭泣，或是隐忍；碰到危险或是躲避，或是挑战。这意味着发生在自身周围的事物是时刻影响着自己的。

品质是属于人的特质，可能是感性的率真，可能是理性的选择。既然是属于人特有的，那么人对人的影响就是最大的。物以类聚，人以群分。我们生活在一起，逐渐形成群体，进而凝聚出共同的习性风俗，乃至精神信仰。久而久之，这种种特征逐渐积淀成一个群体特有的文化。"身处幽兰之室，久之不闻其香"，孩子出生在群体之内，必然会受到群体独特文化的耳濡目染形成他自己的初始观念。孩子会以这种文化为基础建立起个人和群体之间的纽带，从而进一步传承和发展这种文化。然而"冰冻三尺，非一日之寒"，孩子的各种品质，是需要文化的长期滋养与自身的不断认知在磨合碰撞中发展出自己独有的特征。

1. 知识与品质的辩证关系

如果知识是孩子拓荒的武器，那么品质便是他这一路披荆斩棘的精神食粮。如果我们想让孩子获得这种"食粮"，必将用教育引导他们"种植"。那么，什么样的教育适合帮助他获得这种"食粮"呢？那就是爱的教育。

人世间，爱是一切精神食粮的源泉。那么，爱从何而来？我们给了孩子生命，这种天然的联系决定了我们作为第一顺位的教育者的地位。虽然一个有爱的他人也是可以实施爱的教育，然而我们的爱是最为彻底、最为朴素、最为洁白无瑕的。起初我们是孩子的唯一，那么我们就需要用自己的爱来灌溉和滋养孩子的精神食粮，为他的食粮提供源源不断的能量，让孩子由我们的支持转变为自我的支撑。

那么，我们如何用自己的爱教育孩子学习的过程呢？以下是一个可行的框架。其中的每一条可以作为一个完整流程中的节点使用，也可以穿插于整个过程中使用，还可以在某个情境中单独使用。总之，我强调的是在整个教育阶段时时刻刻都需要有爱的意识。

我们爱的引导，引导孩子发现。如果孩子因为好奇想做出尝试，我们应该做出判断，只要这件事本身不会有任何危害，那么就应该允许孩子做。没有危害，是指没有对自己的危害以及没有对他人的危害。记住，我们的底线是没有危害，而不是可能的麻烦。孩子想去触摸油污，把油洒到地上看看和水的区别；孩子想去玩泥巴，因此会搞得脏兮兮的；孩子想跳过这个大坑，说不定会掉进去而受伤。所以，我们不应该担心由于这些行为带来的后续处理的麻烦。我们不仅应该支持，更好的是参与孩子一起玩耍，顺势引导他观察和认识一些知识。注意与观察是学习的第一步，但事物的信息实在是太多了，除了孩子自己获得的信息，我们也可以有意识地引导他注意一些孩子可能感兴趣但当前他没有注意到的知识。站在孩子的角度，从孩子可能觉得有趣的视角出发，提出一些吸引孩子的问题，由此引发出他的兴趣，让他愿意学习知识，这就是从孩子立场出发的爱的引导。

我们爱的鼓励，鼓励孩子行动。在未知的事物面前，许多孩子是不愿意尝试的；或者在吃过苦头之后，很多勇敢的孩子也会考虑一下是否敢于再次尝试新鲜。我们的陪伴与鼓励不应该仅仅停留在语言上，更应该做出行动上的表率。言传身教，身体力行，鼓励孩子做出行动，鼓励孩子挑战未知。模拟与示范总是在观察细节后的行为动作，教孩子观看标准行为，有利于打消孩子的迷茫；让孩子学会一些可操作性的方法，消除一些阻碍行动的原因，这样更容易让孩子行动起来。遇见新的挑战时，提醒他沉着冷静，教他根据以往的经验分析这一次的差异，勇于用自己的方法解决问题。**我们应该让孩子了解到未知并不可怕，事物之间的联系总是有迹可循，给他展示如何在未知的事物上寻找已知的了解，鼓励他以此作为突破口克服对未知的不安感**。知识是勇气的先决条件，有勇有谋方可智勇兼备，非莽夫者也。

我们爱的包容，包容孩子的错误。对于孩子，我一直强调的是，错误并非错误，错误仅仅只是一种通往正确方向的信息。所以，我们要包容孩子的错误，引导他反思过程，不断寻找差异点，提供多次重新开始的机会，最终成功达到目标。孩子无法很好地控制自己的情绪，他的情绪应该得到合理的释放。这个时候，我们更要包容他愤怒的行为，但也不能让他宣泄过度，引导孩子使用合适的发泄方式，让孩子慢慢学会自我调节。**另外，在不主动伤害他人的情况下，我们要包容孩子的所有行为，即便是做错了事要批评，也只能批评他的行为，但**

不能批评他的为人。

我们爱的保护，保护孩子的坚持。孩子在风雨中航行，我们的护航显得尤其重要。当孩子遇到挫折的时候，及时调整目标，降低难度。继续让孩子单独完成可能并不是一个明智的选择。与孩子同时付出努力完成，不让孩子感受孤独和无力。"嗯，这件事确实有难度，不过很有趣，我们来看看能不能这样做，也许换一个方法可行，我们一起来试一试。"在他钻牛角尖的时候，教他转换一下注意力，调整一下心态，以此保护他的韧劲，不会被轻易折断。尽力记录保存他成功的过程，**每一次以往的成就，每一次进步的记忆，都是他自己重要的支持，没有什么比他自己成为自己的榜样有更好的自我肯定的效果。**

我们爱的赞扬，赞扬孩子的成功。失败和成功是相对而言，且不论当前成功的目标是什么，我认为只要孩子付出了行动，就能够算得上一种成功。对可见的成功，我们必须把赞扬归功于孩子的行动和他自己的功劳。不论他在这个过程中的付出有多么的小，也要针对这一小点进行肯定。**这种肯定有着对孩子虚幻的存在感进行实体化凝聚的作用，这是孩子实践过程的结晶。**孩子起初并不知道自己是什么，他的思想一直存在于虚无缥缈之中，但至少他现在明确知道自己是一个可以完成这件事情的人。

爱不是名义或者我们自己认为的，虽然爱由人的主观情感出发，但它所遵循的基本原则又必须是客观存在的规律。

我们需要尊重孩子的客观情况，降低自己的思维层次。最简单的方法就是，如果我是一个单纯的孩子，那么我会怎样想？孩子都是简单的，所以我们很容易看破孩子的真实想法，不要觉得他的想法很幼稚。**幼稚是你有一颗成人的大脑，但是却没有成人应该具备的素养。**

尊重孩子就要尊重他的意见。我们和孩子制定契约和规则的时候，首先就要让他清楚明白这里面的规则，让他充分发表自己的意见。由于孩子的时间观念是当下的，他无法预估和判断未来的情况，所以他以为轻易就能完成契约的内容从而获得奖励，他的目光和心思都在想着获得奖励后的喜悦，他会因为这一点草率的答应任何形式的契约而忽视契约本身的难度。所以，我们是以经验的优势处在绝对的主导地位，我们只要拟定了过程和惩罚的事项，就能轻易地让孩子答应，形成契约。为了公平和公正，此时必须以爱的思考去判断，到底制定什么样的合适条款来帮助孩子完成契约。不能以爱的名义逼迫孩子去做那些他无法完成的事情，比如你想用惩罚逼迫他去制造火箭，甚至是逼迫他计算一加一，那都是不合适的。

爱的力量是源源不断的，我从不怀疑我们对孩子的爱会变得枯竭，相反，我们还应该清醒地认识到溺爱的危害，警惕"烧苗"的现象。为了孩子的自我，我们自己应该学会爱的忍耐。有时候，我们很难做到真正有意义的爱，大量泛滥的爱充斥着我们的身心，因而大多数的爱最后演变成一种宠溺。我时常是想让孩子锻炼身体的，但是当他偶尔小咳，或者天气过于寒冷的时候，我偏偏又狠不下心来让他去顶着寒风跑步。你要知道，冬天的操场几乎是没有孩子的。同时，我又始终认为，遵循自然法则是没有问题的，孩子要适应身边的自然环境，那就得让他的身体去实践，让他的身体去感受，最后让他的身体去记忆。这个尺度的把握因人而异。

仁爱观念是中国传统道德的"立人之道"，是儒家道德的核心精神。而"爱人"则是孔子关于"仁"的道德原则的第一要义。真正的教育就是用我们爱的文化，借以具体的知识，滋养孩子的心灵，让孩子发现自我的过程。

"胸藏文墨虚若谷""腹有诗书气自华",基于知识,品质才能具有底气。

坚忍不拔的意志若没有知识作为指导,只会像南辕北辙一样空有干劲;

无所畏惧的勇气需要知识赋予智谋,否则,犹如莽夫一般,头脑简单,遇事莽撞,只会白白浪费精力;

踌躇满志的自信,更是建立在知己知彼的了解,否则,只会让人嘲笑为自大的无知之徒;

恪守不违的真诚需要拥有辨别对方人品的判断能力,才能坚守自己的底线,否则,只能被欺骗而落入圈套;

百折不挠的刚毅没有上善若水的智慧,便容易木强则折;

即便向往积极向上的乐观,也要警惕井底之蛙的视野,否则,便是盲目的乐观,会有自欺自人的风险。

所以,胸藏文墨才能虚若谷,腹有诗书才会气自华。

如果说自然知识是学习自然的知识,那么社会知识就是人类认识自己的知识。社会知识包罗万象,比如政治、历史、地理、人文、经济等数不胜数。这其中每一种知识的存在都有其独特的价值,如何在这些知识中挑选合适的知识就是一个仁者见仁智者见智的问题。依我所见,凡是能与孩子产生情感共鸣的知识,我们都应该予以支持。这种情感共鸣不应该仅仅停留在因初始的探索新鲜事物而产生的兴奋感情之上,而应该持续地仔细观察,判断孩子确实是发自内心的喜欢。

如果孩子喜欢一个英雄人物,那么爱屋及乌,他会喜欢这个英雄人物相关联的所有事情,并模仿英雄的所作所为,这是榜样的力量。

为孩子选择合适的英雄，引导他阅读英雄的事迹，观察英雄的一言一行，教他英雄人物的人文表现，学会英雄的智慧、勇敢、正义以及节制。

如果孩子喜欢爬山玩水，那么可以带他出游五湖四海，踏遍山川河流，这是一种历练。视野的开阔影响着心胸的宽广，壮丽的山河无不凸显人类的弱小，但是当孩子攀登而上，一览众山小的时候，才能领略山高人为峰的豁达。

如果孩子喜欢历史，那么就可以带他去看一看博物馆的庄严肃穆，感受一下历史的沉重。阅读历史，最大的作用在于，以史为鉴。很多事情是无法重来的，甚至也是无法经历的，适当地阅读历史事件，使自己代入其中，从事件中看花开花落、云卷云舒，让他知晓一些事情可能产生的结果，懂得抛弃束缚、放弃执着。

如果孩子喜欢买玩具，那么就可以教他钱财的知识。生活化的场景有助于孩子理解价值的概念，他只是想要，知道我们会给，却从来没有考虑过价格的问题，更不知道这需要付出劳动才能获取。钱币较好地对价值进行了衡量，这种可见的量化方式，有助于孩子认识价值高低。给孩子获取钱币的机会，让他通过自己的劳动获得，使他懂得勤劳的意义。

如果孩子喜欢结交朋友，那么可以教他平衡的艺术，正确理解关系的含义，维护关系的持久发展。孩子时而以自我为中心带领更小的孩子玩耍，时而喜欢跟随大龄孩子的脚步，时而因为共同语言获得新的朋友，时而由于小小矛盾而失去同伴。让孩子在这种种心境转换之间，学会理性地处理人际关系。

初始的社会教育并不追求立即的结果。孩子可能只是把爬山当成一种游戏，把历史当成一个故事，把朋友当成一个玩具，把自己当成无所不能的英雄。不论在他看来学习这些知识是为了什么，但积累这些经验是有必要的。**在许多的经历之中，他必须做出无数次的选择，每一次选择的结果都会确立一颗微小的"石子"，渐渐的，众多"石子"逐渐聚拢铺成一条自己的"康庄大道"。**

社会知识是人类创造的知识，天然地融合了人的情感，形成琳琅满目的表现形式。**总有一种情感和其表现形式能够在那不经意之间触及你的心灵，吸引到你的注意，并让你感觉熟悉和舒适。不论是何种知识，只要能让孩子持续不断地汲取养分，确立自己的品质，那么就值得让他拥有。**

2. 品质升华为自我概念的内核和基石

孩子具备了自我的品质，且不论这些品质是什么，但它们都会结合一些知识，成功完成一些事情，从而促使自己形成一个关于自己认知的集合，这个集合就叫自我概念。很多心理学家将自我概念作为社会性和情绪发展的基础。

在"自我"这个概念中，包含着诸多的含义，比如自我概念、自我价值、自我认知、自我意识、自我实现等。这里的每一种含义都可以细究，也可以概论。

自我概念是自我初步形成的具体结果，这种具体结果可以是数学的自我概念，可以是篮球的自我概念，可以是待人处事的自我概念，等等。

自我价值是融合自我概念的一种自我总体判断，融入了感情的色彩，也可以称之为自尊。

自我认识是全面地认识自己，包括知识、感情、思维等，能够判断自己的基本综合能力。

自我意识，能够觉醒自己的理性判断力，意识到自己客观的存在，通过这种意识进行理性的操控，从而实现自己调节自己。

自我实现能够在社会中充分发挥自己的价值。

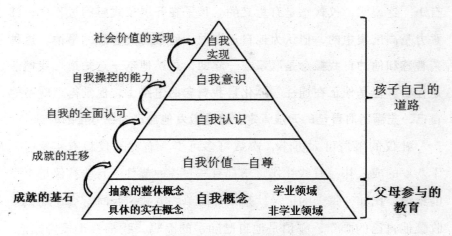

图7-1　"自我"的金字塔结构示意图

我把自我概念作为这一阶段的培养目标：

一是因为自我概念是比较容易达成的目标。它可以有一个整体的自我概念——我是谁的信念，还可以有很多具体领域的自我概念——我的数学很优秀，我的体育很棒，我的美术很好。这就决定了三百六十行，行行出状元，每个孩子都能找出自己擅长的领域。

二是因为自我概念具有可操作性。这样一个能够进行实操的具体概念，在教育领域中具有弥足珍贵的作用，它提供了一个在关键节点打通道路的工具。**这可能是唯一一个我们可以通过教育帮助孩子构建的概念。**

三是因为自我概念可以作为自我实现的起点。马斯洛需求层次理论最高层是自我实现的需求，但是在通往这一层道路上，我们需要建立一个基石，进而由此而上。

我国素来被称为礼仪之邦。从古至今一直延续，自周公制礼，到各朝的礼部，再到现代的仪仗队，包括国外各式各样的礼仪也是有规有矩。这说明，仪式感是有意义的。**孩子在开展仪式感的过程中，注意力是高度集中的，他认为他自己在做一件很有荣誉感的事情，这种荣誉感和他的自我概念是联系在一起的，虽然他不一定知道自我概念是什么，但是他正在通往实体化自我概念的道路上，他觉得这就是他自己，充满了对自己的无限肯定，这是激发他自己内在力量的时刻。**

礼仪的事情可大可小，次数可多可少。有些礼仪只有一次——十八岁的成人礼；有些礼仪每年都有——各种节日；有些礼仪是自发的组织，比如，每天的记录就是一种简单的方式。我时常会帮助孩子收藏他自己的画作，哪怕是他自己随手的涂鸦，我都会正式告知他，如果他想把自己的画作放入收藏夹里，那么就必须签名以及记录日期。他似乎对此乐此不疲，画画的态度从随意变得认真，还会思考自己画作的进步方法。这可能是仪式感潜移默化的作用。对于此类仪式，贵在坚持。这种坚持的目的并不是让他持续学习画画的技能，而是持续地肯定自我的存在与进步。

使用礼仪的理念是，在合适的时点确认孩子的存在与进步。并不是每件事都需要礼仪。只有那些和他自己息息相关，和他的生活细节息息相关，在关键时刻能够帮助他实体化自我概念的时候才有使用的必要。

值得一提的是，惩罚也是另类的仪式。但是，在实施惩罚之前，一定要明确孩子错误的原因，把惩罚和原因直接并且清晰地关联起来，不能有二意性。这才能达到惩罚的目的，并能让孩子心服口服。孩子心甘情愿地接受惩罚，才能有所改正，否则他会单方面地认为这是霸权带来的结果，他会存有反抗之心，直至有一天爆发。

我们不知不觉地使用了很多仪式感的形式，但是却未给予足够的重视。虽然我们未必意识到仪式的重要性，但你永远不知道它对孩子而言，起着一种怎样的特殊作用。我对自己十岁生日的印象还是挺深刻的，说明这件事对我的影响很可能大于我对它的认知，这恐怕不仅仅是停留在记忆层面；成人之礼的担当至少可以激发自主意识的蓬勃发展。**这些都在孩子成长的关键时点打入了合适的楔子，从而帮助他们认识"我是谁"。**

试想一下，一颗种子，孕育在大地之中。土壤给予了它养分，使它生根发芽；阳光照射，使它枝繁叶茂；风雨吹打，使它不折不挠。随着时间的积累，最终得以长成参天大树，开花结果。这颗果实是自然造物的成就，它凝结了日月之精华，它是一个独立意识的开始，它标志着自我概念的诞生，从此它知道了"我是谁"：我是一个苹果；我是一个黄桃；我是一个金桔。

"求木之长者，必固其根本；欲流之远者，必浚其源泉"。在孩子踏入校园生活和社会历练之前，我们需要帮助孩子完成自我概念的建立，这个自我概念就像一颗内核一般，将作为孩子人格建立的基石。**这颗内核只能由我们帮助孩子建立，它标志着孩子真正的自主与独立。**当孩子确定一些事情可以由自己单独完成后，对这件事情的掌控能力往往会激起孩子的表现欲望，使他急于表现自己以获取我们的注意和赞赏，这可能是他第一次自信的表现。

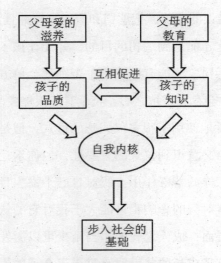

图 7-2　自我内核形成示意图

我们越早帮助孩子建立这颗内核，就能越早地用各种 "营养" 进行滋润，以使它尽早苗壮成长。这种 "营养" 最好是同一种能力的不断进步，这意味着要基于这种能力，学习更多的相关知识以及进行更多的实践练习。在孩子逐步走向校园之后，他可以依赖自己的这颗内核做好许多事情。

3. 环境的选择——过渡期

我们生活在社会中，生活在族群中，生活在一个小团体内，人对人的影响是一直存在的，这种影响并不局限于家庭的影响。但家庭的影响往往先入为主，显得最为重要。我们帮助孩子建立自我内核，完成了家庭教育的目标。接着，孩子将接受其他外部环境的不确定性影响。

国有国法，校有校规，家有家风。家庭生活、学校生活、社会生活，这每一种生活环境中，都有着不同的文化精神。文化从本质上来说是人类不同群体相互区别的特征。文化的熏陶和传承，由人作为基础，所以一个家庭中的成员，学校中的同学与老师，社会中遇到的各种人，都会对孩子自身造成影响。**这种影响或是潜移默化，或是矫枉过正，具有不确定性。这种不确定性源于环境的不断变化以及每个人对世界不同的理解。我们接触了不同的人，必然会对不同人的理念产生疑问，势必对自己的观念提出质疑，这是必然的也是必要的。否定之否定，是完善自我概念的必经历练。为了保护孩子在这种不确定的环境中，不被这种种影响所左右或者撕裂，必须能有一个恒定的锚点帮助孩子在风雨中稳定支撑。这个锚点便来自于家庭中父母的爱，来自于孩子自我的肯定。**

我们应尽量为孩子创造一个良好的生活环境。尤里布朗芬布伦纳的生态系统理论对教育的环境影响概况得比较全面。其中几个比较重要的早期环境因素，家庭、同伴、教师，由于长期而直接的接触，便产生了重要的影响。

家庭，是孩子避风的港湾，它的作用不言而喻。很多研究将家庭的氛围分为四个类别，权威、专制、溺爱、冷漠。权威型家庭，在很多研究和著作中，被一致认为是家庭教育理想和恰当的教养方式。那么，什么是权威型家庭？这个解释可能有很多。**我认为，只要达到这样一种标准就可以称之为权威，那就是任何事情都是可以与孩子讨论的。即便最后讨论的结果仍然是父母的决定，那也是父母经过自身思考给出的结论。**这个过程给孩子传达的信息是，思考是必需的。经过理性分析得到的决定永远比蛮横无理用威武使孩子屈服更为让人信服，这个决定可能不是合适的，但你绝不能说它是不对的。这里必须指出的是，权威并不等同于知识渊博，只要一个人有着理性的思考，即便是知识范围有限，也能做到权威的标准，因为没有人掌握了真理，至少现在没有。所以，理论上来说，所有的家庭都可以有自己的权威教育，以此进行言传身教，这一点毋庸置疑。

尽管如此，我们并不需要对号入座，我相信正确认识"爱"，就能够营造出一个合适的家庭环境。我们应该小心处理和孩子的关系。在初期应该是严格的父与子的关系，我不赞同父亲与孩子在初期作为朋友关系，朋友是对等的存在，在学识和感情上都能产生共鸣的情绪。孩子自然无法成为父亲的朋友，然而当父亲处于教育者的角色的时候需要权威的形象，这种影响力的效果是显著的。孩子对于朋友的概念仅仅存在于陪他玩耍取乐，一旦你不满足他的这种要求，他很快便会与你产生冲突的敌对情绪。这种情绪很容易影响后续的教育效果。当然，降低自己的姿态，与孩子玩耍打闹，增进感情，是有作用的。我们懂得多，自然可以使得游戏更为有趣，更能吸引孩子的兴趣点，如此取得孩子的好感与认可。孩子认可了我们对游戏改进的知识的作用，自然也会相信我们教给他的知识是有意义的，这样他会愿意听我们的话。但是，这并不是以朋友的心态去陪孩子玩乐，而应该是单纯的增进父子之情罢了。同时，利用权威的严肃性与孩子协商控制玩乐的次数和时间，不仅不会放纵孩子的欲望，还能使孩子保持娱乐的新鲜和渴望，产生稀缺的感觉。制造稀缺，作为奖励，可以正确引导他认识事物的价值，使他珍惜来之不易的收获，也能使他获得成就感。为了使父亲的权威得到巩固，母亲在许多事情上的处理应该和父亲保持一致性，即便父亲表现有误，也不应该直接在孩子面前斥责。更进一步说，家庭里的成员在教育孩子的时候，都应该尽量保持一致性。家庭成员之间私底下的交流是不可或缺的。如果出现错误，我觉得任何人应该坦率地承认并保证改正，而不必遮遮掩掩，这也是教孩子勇于承认错误的道理，教他明白人无完人。**家庭成员言行的一致性和对承诺的践行，是提高权威的有效途径。但纯粹的权威，容易让人产生情感的距离。让孩子尊重权威但不惧怕权威，适当地在玩乐中体现父爱的温柔，让孩子不因为惧怕父亲的威严而丧失质疑权威的胆量。**我们应该教育孩子正确面对公理，而不是一味地服从权威。所以，父亲在不同的场景可以展现出相对应的一面，该嬉戏就嬉戏，该幽默就幽默。当然，该工作的时候也应该认真工作，这也是教孩子认真对待不同的场合。

同伴，将在某一阶段成为影响孩子的主要因素。随着孩子年龄的增长，独立自主的个性逐渐崭露头角，孩子开始有想摆脱我们的限制和约束的冲动。在孩子与同龄人交往的过程中，相同的兴趣、话题以及思想层次把他们聚拢在一起，他们从中找到彼此的对等，这是在与我们的关系中找不到的情感。**他们期望借助同伴的支持，来填补摆脱我们时产生的缺失感。在自有的观念和团队文化的冲突中，孩子需要做出一些抉择。有时，为了融入团体，不得不牺牲一些自有的无法融入团体的观念，同时吸收一些群体的文化，以此获得同伴认同。此时，不好的习惯便会乘虚而入。**我们是否应该干预孩子这个时期的观念？干预是必要的，但只能是耐心地引导，而引导的条件来自于我们先前的努力。这种先前的努力是指，在孩子需要帮助的时候，我们给了孩子爱的陪伴；在孩子想学习的时候，我们让孩子认识了知识的"有用性"。自然教育的理念，讲究的是一切从孩子的立场出发实施教育，只要我们真正这样做到了，在孩子的青春期时，不会出现太大的问题，这可能是我目前能想到的减少冲突的稳健方式。**"不幸的人一生都在治**

愈童年"，我相信父母无意成为孩子的 "绊脚石"，但我们不合适的教育方式确实可能会适得其反。"幸福的人一生都被童年治愈"，我相信我们这种先前的努力将成为孩子一生的 "压舱石"，在孩子的关键时期发挥决定性的作用。

在以美德和学业为价值导向的学校，同伴之间最好的归宿就是学习共同体，所谓志同道合。"人有一技之长，酒香便不怕巷子深"。如果孩子能在社交之前，建立自己的核心竞争力，并以此能力为中心，吸引志同道合的同伴，这些同伴拥有共同的兴趣和志向，由此自然而然地建设学习共同体，将是一种理想的情况。这个核心竞争力可以是专业的学科知识，可以是彼此间坚定的友谊，甚至可以是正义的财富。科学知识形成的技能有助于解决技术的问题，这是能力的直接体现；友谊的建立在于互相扶持，不离不弃，让人的内心充满温暖的力量；财富的合理使用，在于能够获取不同资源的价值。**但任何情感都要历经分分合合的磨炼，这是有其必要性的，在分合中才能不停地磨合相互之间的差异，以达到融合的状态，"和而不同，求同且存异"，共同的兴趣和志向，便是克服阻止友谊形成的障碍的最坚实的力量。**要想建立一个稳固而持久的学习共同体，是多种因素共同作用的结果。这些因素包括但不限于兴趣、志向及能力，这些都是需要历经筛选的。宁愿多花时间等待选择，也不可生拼硬凑，自然地走到一起，便是一种缘分。

教师，由于是经过专业学习的人员，他们理应懂得如何引导学生各方面的成长。

如果我们无法决定孩子的环境，那么只能帮助孩子坚定自我，此所谓 "以不变应万变"。因为我们并不确定孩子周遭时刻变化着的环境

结合孩子自己的特质，会产生怎样的化学变化。帮助孩子在种种变化之中，坚守自我的存在，不至于随波逐流，不会折戟沉沙。如果我们可以有所选择，应该小心地为孩子营造一个合适的环境。但这并不是说，我们要一直庇护孩子，一直帮他寻找避风的港湾。我只是强调，在孩子还未准备好之前，尽量不要让污浊的环境损害他稚嫩的心灵。

人与社会

"人之初，性本善"。人们产生各种意识冲突的根源，就是最原始的自爱驱动力与出于良知的利他主义之间的冲突。在这里，我必须表明一个观点，本质上来说，一切都是以自爱为源头，即便是利他主义，也是因为利他而获取了某种能够让自己愉悦的东西。先不论这件东西是什么，而要辨别的是，这件东西是否值得我做出利他的行为，因为这必然涉及到自我利益的牺牲。所有的利他主义都带有更高层次的心理需求，只有理解这一点，才可能正确引导孩子的行为。要说有一种纯粹的利他主义，那只能是不带任何感情色彩的自然法则。

1. 自爱并不等于自私，并且是必要的。

自爱是个体的必然表现，利他是融入集体的手段。如果自私是贬义词，那么切莫将自私与自爱联系在一起，孩子并无任何恶意，是因为他还无法认识到对方的存在。孩子觉得自己是对的就是对的，这是根据皮亚杰认知发展理论中以自我为中心的发展理论决定的。他需要在长时间的生活中不断确定与否定。刚出生的时候，他甚至都不清楚爸爸妈妈的涵义，他只知道我们能给他想要的，以及感受到安全。不论是谁，只要能做到父母的职责，那么孩子就会依赖于他们。这意味着谁对他好，他就依赖谁；谁对他不好，他就远离谁，就是如此单纯。自爱是孩子生存的唯一倚仗，趋利避害才能保证他柔弱的存在，因此我们并不能斥责他什么。

2. 融入集体，利他是必要的。

孩子从来不缺乏自爱的动力，但是如果想让孩子顺利进入集体生活，那么使他懂得利他的意义是有必要的。自爱和利他的价值冲突是无法避免的，我们需要使用教育这件工具调和这种冲突。调和冲突并不等于消灭冲突，孩子往往处于由于冲突导致利益上下波动的过程中，某些时候获得了利益却损失了快乐；某些时候损失了利益却得到了快乐。我们需要引导孩子做出自己的判断与选择，孩子也需要懂得为自己的选择担负责任。

"你应该分享你的玩具。"

"我不要，这些东西都是我的，我不想给别人。"

如果为了让孩子融入群体而强迫孩子让渡自己的利益，甚至以自私的名义贬斥孩子，我是十分反对的。这只能让孩子在不明不白中出于保护自己而产生强烈的反抗，反抗不成便会演变为对霸权的屈服，这将是非常失败的教育。谆谆善诱，以期循序渐进。孩子还无法对利益产生衡量的标准，他只在乎当下的愉悦。这个玩具好玩，那么它对我有价值；这个食物好吃，那么它对我有用；这个人有趣，那么他能让我开心。**孩子需要懂得具体事物的价值概念，这是孩子学会取舍的第一步**。孩子需要经历从具体的价值衡量到抽象的价值判断的过程，这不仅需要引导他认识具体价值，更是需要等待他认知发展阶段的到来。抽象价值理念的形成往往基于一定的文化意识，这注定了，我们只能慢慢培养孩子的价值观念。

3. 怎么平衡利己与利他的冲突——引经据典。

融入一个集体，本质上是处理人与人的关系。如何处理这种关系，在传统文化中是有着许多理念的。在处理人的关系上，我们需要做的是给孩子"引经据典"，至于孩子如何选择，应当由孩子自己决定。**中华民族在长达数千年的发展过程中，逐步形成了具有自己特色的传统文化，它博大精深、变化万千，非是三言两语所能概括，也非一两次行为所能评判。传统文化是历史几千年来的结晶，它的知识密度就像黑洞一般凝练。我们切不可一开始就拿这颗结晶作为训导，那样容易使得孩子堕入虚无之中，迷茫的飘荡。通过一件件具体的事例让孩子明白做人处事的原则，我们不要左右孩子的选择，只是给他展示许多事例，让孩子看到具体的事实，使他在漫漫时间中思考种种正确的价值观念。**

具体的事例应当由历史而来。在未来还未产生之前，我们无法预测选择的结果，但从历史的审视中，可窥一二。"以铜为镜，可以正衣冠；以史为镜，可以知兴替；以人为镜，可以知得失"。历史就像一面镜子，不论正确还是错误，公道自在人心。历史的价值在于从那些无法经历的经验以及在相似的经验中寻找相同或不同的可能。例如，如何处理人际关系的知识，尽在这历史长河之中。

如果孩子需要友谊，那么"高山流水""割席分坐""负荆请罪""桃园三结义"都是脍炙人口的典故。

如果要鼓励孩子团结伙伴，那么"同舟共济""齐心协力""唇亡齿寒""孤掌难鸣""三个和尚挑水喝""众人拾柴火焰高"都是最好的阐释。

如果要孩子学会尊重每个人的价值，那么"八仙过海各显神通""三个臭皮匠赛过诸葛亮""三人行必有我师焉"将是最合适的教育。

如果说科学是理性的产物，那么历史就是人类主观感情的客观展示。我们的科技是在不停地发展，但我们行事的最高准则似乎从未变化。科技终究是服务人类的工具，而如何使用工具，却由人的意志所决定。或赦或杀，或和或伐，或兴或亡，不过是人的一念之间。人的经历时时刻刻都在成为过去，正是这些过去的经历，构成了当前的存在，如此，历史的主体依然是人而非科技。"人们自己创造自己的历史"，历史唯物主义同时指出，现实的人无非是一定社会关系的人格化。

自然教育的理念一向是以客观的事物形成主观的思考，正是因为以人为主体的主观性创造了客观的历史，才使得历史成为了教育人的具体的客观的文化内容。历史是由主观形成的客观，于是我们借由客观再入主观，从客观的历史中重新代入回到当时人的主观思想之中，判断当前条件的选择与可能的结果。历史总有惊人的相似，有许多相近的事例，却有不同的主观判断，由此为鉴。主观思想的对撞，性质同源，具有最为直接的学习效果。历史虽未指明前路，但却道出迷途，这是具有可借鉴并可实际操作的重要意义。

文化的内容甚为广泛，涉及生活的方方面面，包括政治军事、伦理道德、宗教信仰、风土人情、文学艺术等活动，它们都有着不同的文化表现形式。这些内容或者用于陶冶自己的情操，或者用于改善人际交往，或者用于遵循自然法则。这些内容并没有唯一的标准，即便是同样一个行为在不同的环境下也会被解释成相反的意义。例如，环境的变化，会引起人格根本冲突的波动，弑兄夺位到底是为了自保，还是为了个人野心并不能一概而论。**文化以养，不仅在于需要培养孩子知识的广博，而且更需要对他进行持久且正面的思想熏陶。从知道事件，到思考观念，再到吸收成为自己的思想，最后规范自己的行为，这将是一个漫长而艰难的过程。**文化是人类所创造的物质的和精神的成果，是使人之为人的知识。既然是人类自己创造的知识，那么就可以直接作用于孩子的思想，教他做人的基本准则，使他寻找自己的道路，这是最直接最有效的方法。有时候，榜样人物的德行，有可能成为那一片黑暗中的一丝亮光，潜意识里指引着孩子前行。

　　具有足够知识的智者，并不一定能教出比他更具有智慧的学生；但一位有德行的圣人，定能以他的芬芳使人闻之而心往。不求人人有才，但求人人有德。我们不必纠结于有才有德的问题，遇事顺势而为之，这便是自然教育的理念。

　　从具有唯一标准的特性来说，自然知识的教育是最简单的教育；从唯一的目标来说，人文教育理应实现自我价值。起初，我们通过自然知识的教育帮助孩子建立自我的概念；接着利用学校的过渡环境，平滑地滋养打磨孩子的心性，并得到群体的认可，完成自我价值的初步实现。

　　至此，孩子完善了自我的内核，我们也完成了自己的职责。

后　记

　　"每一位孩子都是一位天使"。**我渐渐理解到这句话的真实含义应该是指，孩子到来的目的是让我们获得重生**。每一位孩子从我们身上或者从养育他的人身上都会习得相似的习性。他的样貌、他的性格、他的特质、他的脾气，甚至他的一举一动都是那么的相似。我甚至感觉他是我的再生。所以，我不得不把我认为的不好的东西屏蔽，以至于我不想让他沾染上那些让我不快的事情。这些不快的事情一直跟随着我，并暗暗地影响着我的言行。由此，我不得不改变我自己的言行，让那些使我产生这些言行的不快事情被消灭，至少不要出现在我的孩子身边。

　　虽然我并不能做得很完美，要做到完美的教育，目前看来是一件不太可能的事情。我一直在努力改变自己。我越是改变自己，越是明白，要改变一个既有的"样子"是一件多么困难的事情。但是，为了另一个"我"，我必须做出改变。这是我理解的生命的延续与传承。

　　在孩子依偎父母的前几年，我深刻地感受到我的思想在迁移，这是上天给我的一个机会。作为容器的身体不再是那么重要，因为我们不可能抗拒身体的病变与衰老，我只担心在没有完成教育这件事之前，就变得行将就木。在一个崭新的具有无限可能和旺盛的生命面前，还有什么东西值得我如此的付出。

教育是一件以人育人的事情。既然是人在教育，那么就要花费时间和精力。时间和精力是什么？不就是人的生命吗？不错，教育的代价就是付出生命。那么，这么沉重的代价，那就得好好想想这件事值不值得去做。

我有一种猜测，应该不会有人希望自己的孩子成为他们自己。事实上，孩子也不可能成为我们，我们只是希望孩子能比自己过得更好。所以，大多数人会努力避免孩子经历他们吃过的苦痛，尽心尽力教育孩子。对于教育孩子这件事，已经做好思想准备的人，不存在动力不足的情况，我相信他们同样愿意改变自己不好的地方，努力为孩子创造一个优良的教育环境。事实上，在任何时代，我们都会将最好的条件留给孩子。

然而，我们也能够看到的是，教育并不是一件简单的事情。过去，只有少数人能够成为教书先生，是因为他们具有学识；当前，教育更是成为一种专业。这意味着，教育具有专业性。诚然，大多数人已经接受过普适性的教育，但受过教育并不代表可以教育。要把自己接受的知识逆向转换成知识的输出，是需要经过思考的加工。就好比原材料需要经过一系列的工序才能最终制造出成品一样。所以，我们需要学习一些教育的知识，具备一些教育的理念。通过这些理念，我们会发现自己的言行在不知不觉中会被慢慢改变。既然我们都准备好付出生命的时间，那么进一步学习一些理念又有何难呢？也不至于让这些付出白白浪费。教育孩子何尝不是我们再次学习的开始！

在这个百花齐放的时代，不乏各种教育理念，快乐教育和天性教育的理念曾经光彩夺目，现在却默默无闻。这些教育理念其实并没有问题，问题在于大多实践者本身的理解和方式可能有所偏离。对于一种理念，我们需要看清楚它的全貌，需要理解提出这个理念的作者的本意，每个人的理解都是不同的，更别说断章取义地去解释理念。快乐教育和天性教育，是我所推崇的自然教育的延伸。如果我们遵从孩子自己的选择，顺势而为，那么孩子做自己的事情就是快乐的；如果我们遵从孩子的天性，顺其自然，那么孩子应当成为他自己。但是，教育是不可能完全放任的，那是野兽的做法，我们终归是要生活在一个理性的社会群体之中的，所以我更赞同的是实施积极且正面的引导式教育。可以这样假设，如果一个孩子不被教育，他可以自然地学习各种知识，尝试各种错误，只要给他足够的时间，也许十几年，也许几十年，甚至上百年，那么他将自适应某个社会，最终理解知识并融入到一个特定的社会之中。**这有点像人类的进化史，只有自然作为老师，却完成了人类的发展**。但如果想让孩子在短期内学会这个社会的文化，并融入社会，那么就需要积极引导他学习特定的知识。在这个知识爆炸的年代，教学内容是非常丰富和紧凑的，我们不可能学习全部的知识，只能有所取舍，如何选择适合某个孩子特点的知识呢？那就要靠自然教育的理念。

既然希望孩子做自己，但又不能完全放任，那如何处理这种矛盾呢？这个方法就是，加一个紧箍咒，这可能是最低的限制了，这个限制就是卢梭提出的 **"有节制的自由"** 或者如赫尔巴特提出的 **"管理"**。至于这个紧箍咒要多紧，就是仁者见仁智者见智的事了。**一般来说，不偏不倚，乃是一种中庸之法，但我更偏向于把握六分宽松的尺度，这是教育的黄金分割点。**

因为孩子要融入社会，就有了社交，有了社交就有了礼仪，随之而来的是道德层面的约束，这个是必须遵从的。这个必须遵从的道德约束也有一个最低的要求，那就是"**不主动伤害别人**"，这也是卢梭提出来的（卢梭的原话是："不伤害别人"。我在这句话里加了两个字"主动"），这不是紧箍咒，这是原则。

一个紧箍咒一个原则，就是自然教育的核心理念。抓住了这两点，前期的自然教育才能最大化功效，才可能取得最大的教育成果。为什么如此重视这两点？是因为，我认为需要找出一条明确的路，去调和自然与社会之间的矛盾，去用实践证明素质教育与应试教育存在的误解。

素质教育与应试教育是目前大家关注的焦点。自然教育是一种理念，它的目标与素质教育相同，初衷是锻炼孩子的综合能力，但这些能力在他正式进入学龄阶段时，未必能及时准备好，所以只能尽力一试。素质教育的最终效果一定可以表现在应试教育的成功，应试无非是一种证明某种能力的方法。我觉得这是无可置疑的，因为这两条路是殊途同归的，它们最后都是用一种实践方法证明孩子所具备的能力而已，只不过学校是采用应试的方法，而社会使用生存的手段，相对于社会竞争的残酷而言，会发现学校反而温和许多。

应试教育仅仅停留在纸面阶段，但只有实践才能改变现实。**运用所学知识发现并能解决问题，并不在于你学到多少知识，而在于你能运用多少知识**。知识的输出形式是多样化的。运用知识涉及到知识的内化过程，越是内化的知识越是能够使用的得心应手。要想内化知识，只能通过练习、思考、理解及构建。固化的基础性知识决定了上层知识的构建情况，这种情况包括了知识的类别和发展的潜力。同时，我们需要提供一个合适的真实环境，让孩子观察环境中的现象，对这些现象进行推理解释，加深对知识的运用与理解。

素质教育的目标就是在正式接触"学习"前，为孩子建立学习的基础。这里的"学习"是狭隘的定义，仅指在学校学习学科知识的过程。因为知识的爆炸式发展，导致我们在规定的时间内学习密度的陡增。很多知识逐渐向着更幼小的年龄段前压，使得孩子在学习适应初期就开始被迫学习一些本不该在这个阶段学习的知识。由于孩子在正式学习之前，能准备的时间过短，无法达到素质教育的时间要求，或者说素质教育并未充分实践导致效果无法体现，于是就对素质教育的作用有所误解。

那么，如何做才能看到短期内的素质教育是有助于学生后续长期在学校提高学习效果的呢？事实上，在学龄期，大多数家长都在进行素质教育，比如学钢琴、学跳舞、学围棋、学编程、学画画等，都是在帮助孩子建立一些技能；当然也有进行识字、拼音、英语等学科课程的。看得出来，且不说这些选择是否真的适合幼儿，但我们似乎都有一个共同的期望，抓紧学龄前的空闲时间，让孩子充分学习，但最后这样做的效果如何，自有客观的评判。我能做的只是给出一种选择，这种选择就是要体会"时间不重要"的涵义，冷静下来，坚持自然教育的理念。

时间不重要，我们需要在孩子初始化的过程中，让他积累基础性的经验。如果我们要教天文地理，那么我们先带他去数一数漫天星星，观察星光的强弱，观察星星的大小（当然这个大小是直观的经验，并不是由于科学的距离远近导致的）；带他去看看月亮的阴晴圆缺，观察每天月亮的变化，并用画画的方式记录月亮的行为；带他去欣赏朝日与落霞，感受美好的早晨与美丽的晚霞，体会"落霞与孤鹜齐飞，秋水共长天一色"的诗境。如果条件是允许的，我们要带他走遍五湖四海，千山万水。这里，时间是不重要的，就在于让孩子在自由的时间中尽情地去感知，我们不会主动教他这些知识，不会教他上玄月、下玄月、新月与满月；不会教他潮起潮落是由于引力；不会跟他说什么是江、什么是湖、什么是河。除非，他主动发问。

　　时间不重要，不要急着去教他这些专业的名词，而是让他先积累经验。我们会发现，在他没有经验的时候，我们仅仅描述月亮的变化模样，就要花去五分钟的时间，而他可能仍然无法想象；而在他有经验的时候，我们可能只需要一分钟就能让他明白月亮这样变化的原理。这中间知识传递效率的高低可见一斑。贸然去教他土星、火星的知识，容易造成他的幻想，让他停留在想象而不能自拔。孩子本来就已经喜欢想象了，不能让这种欲望把他拉扯得太远，以至于找不到回头的路。

　　时间不重要，我们需要给孩子松散的思考时间。太多输入性的内容，没有经过思考的融合，是无效的。要给孩子松散的时间，那么就需要放松的环境，在自然中玩耍，把知识融入玩耍中，效果就是最好的。那些被人称为聪明的孩子看起来没用功，但其实是在他接受知识的那一刻已经把知识同化了。我宁可相信这些孩子是经过后天经验的慢慢积累，此时便能把知识和经验对号入座，而不相信这是由于先天基因的功劳。因为教育这件事儿，不管是不是先天基因的作用，我们都得把孩子的潜力最大化，那么我们就必须认为他是可教育的，否则教育有什么意义，不如他自己去学好了。

　　赫尔巴特这样说过："最值得教育的是这样一些人，他们牢牢地把握已知事物，不因为新事物的新而对他们发生兴趣，清醒地对待知识光彩耀人的一切；他们生活在自己的世界内，守住、推进、培植他们自己的事业，很难使他们离开自己的轨道，有时候他们显得固执，显得迟钝，但事业上并不如此……在他们获得了良好的意志以后，他们的良好意志便能为教育提供牢固的基础……"

　　我很理解在当下的环境中，我们普遍存在急功近利的心情，觉得什么都重要，什么都想试一试，什么都可以学一学。这样做只会让孩子浅尝辄止。合理的选择以及时间安排是必要的，更重要的是给孩子留下思考和玩耍的时间。弦绷得太紧容易断裂；翅膀一直在飞也会折断。孩子需要享受自己的自由时光，任由他"浪费"时间吧，时间对他来说并不重要。

我们由于工作繁忙，很难有大量的时间教育陪伴孩子。由于教育孩子的时间太少，我们会不自觉地使用霸权主义以达到短期效果，然而，这却埋下了长期的隐患。既然我们陪伴时间有限，我们又想追求高质量的陪伴，那么，陪伴效率就显得尤为重要了。**自然教育是一种温和的高效的可持续的科学发展理念，每一次短暂的陪伴都显出温暖的关爱以及关键的提点，在孩子自然发展到某一种瓶颈的时候，这种爱和提点反而能让孩子受益匪浅。爱让孩子获得坚持，提点让孩子获得突破，这就足够了。**自然教育确实是只需要把握重要的时机，其他时间就交给孩子自由发挥吧。

素质教育和应试教育，就像手工制作的艺术品和机械批量生产的产品。很多人追求的奢侈品，大多是欧洲的手工制作。它们会有一个特点，长时间的人工投入，精细的规划设计，或是融入了制作者思想和感情的独特作品，或是根据材质本身发挥出属于材质的独有特点，这是奢侈品价值的体现，更是"物以稀为贵"的诠释。教育大师和工匠大师，所做的工作应该是相似的。

我听说古人曾经严谨地遵循天数，推算日月星辰运行的规律，制定出历法，把天时节令告诉人们，剩下的就由人们自由劳作。今天我满怀深情、诚恳地希望所有的父母都能推开"自然"这扇神奇的窗户，抬头看一看天上这自然教育的星座，感受一下大自然的浩瀚与力量。星星之火，可以燎原。我相信这星座中每一颗星星的光芒都能驱散你们心中的迷茫，照亮你们眼前的教育之路。